Somriures de Bombai

Somriures de Bombai

El viatge que va canviar el meu destí

Jaume Sanllorente

Traducció d'Albert Figueras

plataforma

Plataforma Editorial
Barcelona

Títol original: *Sonrisas de Bombay. El viaje que cambió mi destino*

Primera edició en aquesta col·lecció: noviembre de 2007

Quarta edició en català: desembre de 2010

Plataforma Editorial
Plaça Francesc Macià 8-9 - 08029 Barcelona
Tel.: (+34) 93 494 79 99 - Fax: (+34) 93 419 23 14
www.plataformaeditorial.com
info@plataformaeditorial.com

Dipòsit legal: B. 46.781-2010
ISBN: 978-84-96981-57-7
Printed in Spain - Imprès a España

Fotografia de coberta © Llibert Teixidó, 2007

Disseny de coberta i composició:
Rubén Verdú i peepingmonster
www.peepingmonster.com/theM

Impressió:
Romanyà-Valls; Verdaguer, 1 - Capellades (Barcelona)
www.romanyavalls.com

A la memòria de la meva mare,
Mercè Trepat.

Arreu on hi ha una taca de color,
una nota d'un cant, una gràcia de la forma,
hi ha una crida al nostre amor.

RABINDRANATH TAGORE

Índex

Pròleg

ULLS QUE NO HI VEUEN, COR QUE NO SENT

Abans que es publiqués una entrevista de Jaume Sanllorente a *La Vanguardia*, no coneixia l'ONG SONRISAS DE BOMBAY, ni la tasca que porta a terme a l'Índia. Així doncs, l'entrevista del meu bon amic, el periodista Víctor Amela, va obrir-me els ulls a un món d'experiències que van impulsar-me a buscar en Jaume.

Per causa de la seva prolífica tasca a l'Índia —a Bombai, per ser més precisos— i dels meus múltiples viatges professionals, encara no ens hem pogut conèixer personalment, però en aquests mesos sí que ens hem anat escrivint i hem posat a treballar les nostres organitzacions per tal que els nens acollits i tutelats a l'orfenat i les escoles de la fundació SONRISAS DE BOMBAY tinguin una altra esperança, una llum que pugui il·luminar-los en la foscor.

Conec de primera mà aquest gran país que és l'Índia, amb més de mil milions d'habitants i amb un dels índexs de creixement econòmic més destacats a escala internacional, però que, al mateix temps, cada dia eixampla més les diferències entre la seva població. L'any 2000, la International Academy for Advances in Ophtalmology, presidida pel professor Keiki Mehta, va nomenar-me, amb gran honor per part meva, «Oftalmòleg del Mil·leni», i el Primer Ministre de l'estat de Maharashtra de Bombai va imposar-me la medalla d'or. Mitjançant l'hospital del doctor Keiki Mehta vaig poder tornar a fer realitat el meu desig de solidaritat, tot atenent malalts necessitats.

Sens dubte, en Jaume Sanllorente ha gosat fer una passa més, endinsar-se en el desconegut. Una passa que va portar-lo a conèixer què s'amagava en aquests barris de *slums* (barraques) ocults als ulls dels forasters. Va atrevir-se a penetrar als territoris dels intocables, la casta més desafavorida de tota l'Índia.

Segons un article publicat per la Unesco, «més de 160 milions d'individus, la sisena part de la població de l'Índia, segueixen suportant el pes d'un sistema de castes que existeix des de fa 2.000 anys i promulgat per la teologia hindú, que manté les persones en un rol immutable determinat pel seu naixement. Tot i que el terme «intocables» va ser abolit l'any 1950 per la Constitució de l'Índia, els dàlits —o persones oprimides, com se'ls anomena actualment— segueixen estan discriminats. Se'ls nega l'accés a la propietat de la terra, treballen en condicions degradants. Segons el fundador del sistema, el legislador Manu, cada individu ha nascut en una de les *varnas* principals, o grans categories, i s'hi ha de quedar fins a la mort, encara que la posició de cada casta pot variar amb el temps i d'una regió a l'altra del país. Per ordre de precedència, els brahmans són els sacerdots i mestres; els ksatriyes, els nobles i guerrers; els vaishyes, els mercaders i negociants, i els shudres, els camperols, els obrers i els artesans. Els intocables pertanyen a una cinquena categoria al marge del sistema de varnas, perquè les feines que se'ls encarregaven eren ritualment massa impures per incloure'ls en aquesta escala. Aproximadament dos terços dels dalits són analfabets, i al voltant de la meitat són camperols sense terra. Només el 7 % disposa d'aigua potable, d'electricitat i de banys. I també són dalits la major part dels 40 milions de treballadors forçats que existeixen, incloent-hi 15 milions de nens (que fan d'esclaus per pagar els seus deutes)».[1]

Tal com ens explica en Jaume Sanllorente al llibre, quan va penetrar en aquest món desconegut com un turista, va patir un xoc emocional que li va obrir els ulls a una realitat nova i li va fer sentir ben endins que ell mateix podia contribuir a modificar aquella situació. D'aquesta manera va canviar tant els seus anhels i esperances, com els seus plans de futur. La forta experiència viscuda va fer-lo centralitzar totes les energies per ajudar aquests nens estigmatitzats des que neixen. Va descobrir que no hi ha millor premi que regalar, donar sense esperar res a canvi, i això va portar-lo a construir aquest gran projecte que és SONRISAS DE BOMBAY, avui tota una realitat, i que dóna sostre a 100 nens a l'orfenat i gairebé 2.000 a la seva escola. Quina tasca tan gran, en tan pocs anys!

Davant d'aquesta realitat trista —que no pel fet de no veure-la, és desconeguda—, des de la Fundació Barraquer vam decidir d'impulsar, a instàncies del doctor Pere Claròs,

1. Fragment extret de l'article publicat el setembre de 2001 al diari *El Correu de la Unesco* pel periodista Shirz Sidhva i pel doctor Gomal Guru, professor de ciències polítiques de la Universitat de Pune i membre del Centre d'Estudis Socials de Nova Delhi.

de la Fundació Claròs, una missió quirúrgica humanitària, encapçalada pel nostre benvolgut col·laborador, el doctor Gorka Martínez Grau, que visita i opera sobretot al nord del país, a les ciutats de Nova Delhi, Jaipur, Ajmer, Ota i Udaipur. Estem convençuts que, ben aviat, podrem incorporar-hi Bombai, per tal de visitar i atendre els nens tutelats per Sonrisas de Bombay.

Mitjançant la Fundació Barraquer, que presideixo juntament amb la meva filla, la doctora Elena Barraquer, i el meu fill, el doctor Rafael Barraquer, també fem expedicions al Senegal i al Camerun, i obrim les portes de la nostra clínica als casos que ens presenta alguna entitat, per tal de tractar-los i d'intervenir-los sense cap cost a Barcelona, tot complint així el propòsit que va portar el meu pare, el professor Ignacio Barraquer, a fundar l'Obra Social del Dispensari Barraquer l'any 1941.

També concedim beques de formació a metges oftalmòlegs de països en vies de desenvolupament, mitjançant l'Institut Universitari Barraquer, amb el compromís que, en tornar al seu país, dediquin una part del seu temps a pal·liar les deficiències existents. L'any 1962 vam constituir el primer Banc d'Ulls de l'Europa continental, fet que ha permès que milers de persones puguin tornar a veure-hi. Amb la donació d'ulls, podem obrir els ulls d'un cec quan els nostres es tanquin. Aquest miracle passa, inexcusablement, tal com diu en Jaume Sanllorente, per un humanitari acte d'amor.

Així, doncs, obrim els nostres ulls i els nostres cors.

Professor Joaquín Barraquer

President de la Fundació Barraquer

Barcelona, 12 de setembre de 2007

www.barraquer.com

Diví Amor Humà

«Si Déu no és amor, no val la pena que existeixi»

Henry Miller

Estimat Jaume,

Després de donar-hi moltes voltes, més que un pròleg, he decidit d'escriure't una carta. M'aclapara el fet d'haver de parlar de tu, de la teva obra, del testimoni que està essent la teva vida. M'aclapara perquè la generositat i la grandesa de la teva feina parla per ella mateixa de manera eloqüent. Per aquest motiu, seré breu.

Només vull donar-te les gràcies, res més: gràcies per mostrar-nos que les utopies són possibles. Que l'optimisme i el coratge donen els seus fruits. Que la bondat no és ingenuïtat ni estupidesa, sinó tot el contrari: valentia, propòsit i sentit. Gràcies per mostrar-nos que, malgrat tot, la vida, la nostra vida, val la pena si i només si fem alguna cosa útil per als altres, cadascú a la seva manera, amb el que tenim a l'abast, que és molt més del que pensem. Gràcies per recordar-nos que la felicitat consisteix en fer feliços els altres. Gràcies per combinar la tendresa amb el coratge i per poder compartir amb els nostres fills una visió diferent de la vida i del món. Gràcies, també, per mostrar-nos que si hi ha algun Déu que val la pena, aquest és el que neix de la pell de la gent bona, de la seva sang, de la seva suor i de les seves llàgrimes. Crec que tots podem convocar aquest Déu en les nostres tasques quotidianes, en la nostra acció. Per aquest motiu, no crec en un Déu legislador, Jaume, ni venjatiu, ni cínic, ni redemptor, ni confessor, ni res semblant. No crec en el Déu de la vanitat dels homes, aquest Déu de les asimetries, el que està tan lluny de la nafra que guareixes amb les teves mans com de l'abús que denuncies i resols. No crec en el Déu que es representa en jerarquies ni el que té avidesa de poder. Crec en el Déu de l'amor humà, d'aquest amor tan essencial, tan nu, que la seva divinitat resideix precisament aquí. Aquest Déu de Diví Amor Humà, en majúscules, és bonic, és proper, és real, és concret, perquè podem veure'l i podem crear-lo amb els nostres actes.

Gràcies, també, per manifestar allò que diu l'aforisme: "allò que dónes, t'ho dónes; allò que no dónes, t'ho prens". Tot rellegint per enèsima vegada el teu "Somriures de Bombai", vaig pensar que la llibertat que has donat als teus infants, t'allibera a tu; l'amor que els dónes, és el que reps; la consciència que conrees t'emergeix en lucidesa i en sensibilitat.

I gràcies per recordar-nos que tots tenim el nostre Bombai, Jaume. A través de la teva obra, hom en pren consciència. Allà, al nostre Bombai interior, com en els millors relats iniciàtics, ens espera un gran tresor, el més gran al que podem accedir: un perquè viure, un sentit per a la nostra vida basat en donar-nos als altres.

Pocs, molt pocs, són capaços d'emprendre el viatge, però són aquests viatgers valents els que canvien el món, els que s'ho juguen tot per tot. Són aquestes persones les que, amb el temps, reben el nom de mestres, perquè esdevenen un referent per a la humanitat de bondat, de lliurament, de lucidesa. Són ells els que encarnen les utopies des de la perseveració, el coratge, la defensa de la dignitat i el sentit comú. Gràcies.

T'imagino d'aquí trenta anys, creuant-te per algun carrer de Bombai amb una mare jove que s'aturi, t'agafi les mans i t'agraeixi que els seus fills puguin anar a l'escola i tenir una vida amb un horitzó gràcies al fet que ella va rebre el suport de Sonrisas de Bombay. Aquesta trobada, que és la teva visió, el teu anhel, arribarà. No dubto que arribarà, perquè un bon dia vas fer allò que et va dir el cor.

I sí, estimat Jaume, tal com expressa el significat del teu nom, és evident que Déu recompensarà. En realitat, ja ho fa a través teu.

El teu amic,

Àlex Rovira

Pròleg de l'autor

Viure és recordar-se d'oblidar.
Perdona allò que calgui perdonar. Oblida allò que calgui oblidar.
Abraça la vida amb un vigor renovat...
Hauríem de poder agafar cada instant de la vida
amb una mirada nova,
com una flor que acaba d'obrir-se.

MATA AMRITANANDAMAYI

Aprofito aquest moment de calma i de solitud per acabar la història que us explicaré a les pàgines següents. Assegut a la taula del meu despatx tot escoltant els crits i les rialles dels nens que juguen al jardí, tinc la sensació que res del que llegireu no ha passat. Que els esforços, les lluites i les llàgrimes pròpies per tal d'aconseguir els somriures dels altres formen part d'un malson que ja s'ha quedat enrera. Per un moment, em sento absent del temps i de qualsevol indret, com si les parets dels jardins que hi ha més enllà de les persianes blanques de l'estança amaguessin un oasi a dins de la gran ciutat on em trobo. Fins i tot em sembla que les humitats del sostre han minvat. I que algunes goteres, provocades pels intensos monsons de cada any, ja no hi són.

Però no és així. Sé que això que ara em sembla una part del passat, també és present i futur, i que encara em queden molts esforços per tal de poder aconseguir més rialles com les que ara estic escoltant.

Van proposar-me d'escriure aquest llibre fa pocs mesos. L'editor Jordi Nadal va decidir posar-se en contacte amb la Sílvia Guillén, responsable de premsa de SONRISAS DE BOMBAY, després d'assabentar-se de la meva participació per videoconferència en un cicle de xerrades de Barcelona al qual m'havien convidat. En aquella ocasió vaig parlar dels colors que integren el mur del món, dels seus negres, dels seus grisos i de la responsabilitat que tenim tots per tal de fer que aquestes tonalitats es tornin blanques i impol·lutes. Si pintem de blanc un tros petit, ja hi haurà menys paret negra i, si cadascú de nosaltres pintem el fragment que ens correspon, a la fi el negre deixarà d'existir.

Pocs dies després vaig rebre la trucada de la Sílvia.

—Jaume, m'has de dir que sí —va deixar anar—. ¿Oi que acceptaràs d'escriure un llibre per explicar la teva experiència?

—Jo? Em sembla que és massa aviat per fer-ho. ¡Ara no és el moment d'escriure cap llibre! I amb la feinada que tinc per aquí...

—Quantes vegades deus haver explicat la teva història? —insistia—. Ara només has d'escriure-la!

I això és el que he fet. El resultat és el llibre que teniu a les mans. He intentat plasmar aquesta història que he explicat tantes vegades als fulls que eren blancs, i que ara s'apilen en una cantonada de la meva taula. Estan plens de gargots i de ratlles, impregnats de la pols d'aquesta ciutat i de l'encens dels temples, de la contaminació de les hores aturat enmig del trànsit, del sofre polsegós dels *rickshaws*, de l'olor de cardamom i de les espècies del chai —el te deliciós que va entrar a formar part de la meva rutina—.

Porten impregnada la pudor de carrerons de barraques i del florit de les benes humitejades pels estralls de la lepra als cossos innocents. Aquests papers estan desgastats per la rutina, mai precisa ni uniforme, que constitueix una part del meu dia a dia en aquest indret remot des d'on escric. Les llibretes estan pintades amb paraules que allotgen somnis, uns somnis que van convertir-se en realitats gràcies al compromís ferm que un dia fou la meva aposta. A l'altra banda de la taula, ordenats, preparats per revisar-los, hi ha els resums i les propostes de projectes, plans, calendaris...

Si mai no hagués passat el que expliquen els papers de la meva esquerra, ara no existirien els de la dreta —em repeteixo mentre poso les mans sobre el manuscrit i procuro absorbir tantes vivències acumulades en pocs anys—. Tanco els ulls i procuro que, per les mans, hi entrin records, els uns més dolorosos que els altres, i que se'm passegin melodiosament per l'ànima, tocant cada racó, cada òrgan, tot deixant l'aroma, de vegades dolçoi i de vegades pestilent, d'aquesta lluita abnegada.

Deixeu-me que us expliqui la meva història, més enllà de les flaires d'una terra màgica, més enllà dels colors vius i dels somriures. Que us expliqui la confluència de casualitats que van portar-me a descobrir les sorpreses meravelloses que dóna l'atzar i a creure fermament en el destí.

No hi és tot el que podria dir, perquè hi ha silencis que formen part d'aquesta lluita pacífica contra la pobresa que avui mantinc amb tenacitat i constància, i a la qual un bon dia vaig lliurar la meva vida sense possibilitat de tornar enrera. De vegades, l'èxit d'una bona estratègia es troba més en allò que callem que no pas en allò que diem. Perdoneu-me si, en alguns episodis d'aquest llibre, els he hagut de respectar. Malgrat tot, sí que us explicaré molt més del que mai no havia pensat d'explicar; alguns detalls formen part de sentiments íntims i personals sobre els quals sempre m'he mostrat pudorós, però que en aquest cas m'he permès de descriure.

Ara l'estança em sembla càlida i amigable. Aquestes parets de color groc llimona, cada vegada més esclovellades pel frec de reunions inacabables i de nits desvetllat, han estat testimoni de victòries que semblaven derrotes, d'alegries i de penes, de solidaritat i d'adversitat, de coherència i de controvèrsia, i d'una infinitat de converses que aniré descobrint en diferents fragments del llibre.

A l'estança no hi ha ningú: ni els mestres demanant un augment de sou, ni els veïns dient-me que no volen un orfenat amb intocables a prop, ni els arquitectes traçant plànols de les escoles, ni la meva secretària lliurant-me les boniques i nombroses cartes que van arribant des de Catalunya, ni el meu lleial ajudant Vinay agraint-me que un dia el contractés i que, per aquest motiu, avui els seus fills poden menjar. En aquest moment, ni tant sols no hi ha els escortes, als quals encara m'estic acostumant.

No hi ha ningú, i hi és tot. Hi ha l'univers, del qual formen part els menuts que corren pel jardí i del qual formo part jo i aquests papers que continuo tocant. Cada vegada percebo amb més intensitat les rialles dels nens. Aviat es farà fosc. Però, abans, passarà el miracle. Obro les cortines i deixo a la vista l'ampli finestral que tant m'ha consolat, com si fos una pantalla per a l'ànima, durant aquests últims anys.

Com cada dia, aquests vidres mostraran l'esplèndid regal del capvespre. El cel adquirirà unes magnífiques tonalitats de grocs que donaran pas a matisos de rosa que, després, es convertiran en malves blavosos i acabaran en el misteri imponent de la nit estelada. ¡Que bonic que es veu el cel, des d'aquesta terra! Ara els núvols sembla que abriguen les vides d'aquests nens que guimben a l'herba del parc i que no tornaran mai a l'infern indescriptible d'on van ser rescatats.

Contemplo el finestral com qui mira atent una pantalla de cinema, gran, omnipotent, mostrant realitats precioses que abans havien estat fantasies.

¿Què hauria passat si aquell dia de març ningú no hagués canviat el guió? Què ensenyaria avui aquella pantalla? Se'm fa un nus a la gola, torno a desfer-me dels pensaments amb rapidesa i només m'omplo dels dibuixos i dels colors que el cel em lliura en forma de posta de sol.

Els menuts continuen rient mentre n'observen un, petit i amb el cap gros, d'ulls foscos com l'atzabeja, que grimpa l'arbre per agafar un mango fora de temporada.

—Tant de bo sempre fos així! —penso enmig d'un sospir espontani.

Però sé que no. Al darrera de l'heura que creix als murs del jardí hi ha una ciutat on encara m'hi espera molta feina, malgrat la suor i la sang que ja hi he vessat. Una metròpoli enorme i tumultuosa on visc i on algun dia moriré. Una ciutat de batec ràpid, tot i que de vegades sembla que no tingui cor. Un indret del qual us parlaré a continuació i on fa tres anys van succeir-hi alguns esdeveniments que van canviar-me el destí. I, en conseqüència, també el de moltes persones més.

JAUME SANLLORENTE
Bombai, agost de 2007

Alguns dels noms de les persones
que apareixen en aquest llibre han estat canviats
per tal de protegir-ne la identitat.

1

Unes vacances

> Pensem que el nostre patiment és personal.
> Estem tancats al patiment de la humanitat.
>
> KRISHNAMURTI

Aquella nit de març milers d'estels il·luminaven la volta celeste. La Mediterrània, la vora escumosa de la qual m'acaronava els peus nus, estava calmada i desprenia pau. Al meu darrere, les dues torres Mapfre, símbols indiscutibles de la Barcelona olímpica, s'imposaven a la resta de la ciutat. «És com ser dins d'una postal», vaig pensar. Més endavant aprendria que el secret no radica en ser a la postal, sinó en sentir-se'n part. No es tracta d'observar un quadre, sinó de ser-ne un pigment més.

Acabava una nit sense descans. Els Rolling Stones i tot el seu seguici havien estat al restaurant on treballava per guanyar-me un sobresou. Aquella era la meva ocupació de cap de setmana: atendre celebritats en un dels millors restaurants de la ciutat.

Al restaurant hi anaven músics internacionals, polítics, prínceps i princeses, aristòcrates (genuïns i impostors), i una tirallonga de personatges diversos que composaven la flor i nata de l'esfera social barcelonina i internacional. La meva funció consistia a reconduir situacions complicades, aconseguir que els clients més irritats abandonessin el local amb un somriure i procurar que tothom se sentís de gust. Controlar les reserves, conèixer les taules preferides de cada client, rebre'ls...

Conservo records meravellosos d'aquella època. Reia molt amb els meus companys, amb qui parlava hores i hores. Així passaven moltes nits, compartint alegries i penes amb aquells que, com jo, havien de treballar fins ben entrada la matinada i suportar les petulàncies i els capricis d'uns quants per tal de poder arribar a fi de mes. Si alguna cosa puc afirmar amb rotunditat sobre aquesta etapa, és que mai no em vaig avorrir.

Combinava aquesta feina amb la de periodista —la carrera que vaig estudiar— en una revista econòmica. Molts dies em ficava al llit a les quatre de la matinada i em llevava a les sis. Però m'agradava. Tenia la certesa que aquell ritme tan febril no duraria sempre, i potser per això encara en gaudia més, per aquella estranya sensació de conformitat, entre il·lusió i expectativa, que tenim de vegades els humans quan sabem que estem en una etapa transitòria.

La meva rutina consistia a escriure articles de comerç exterior, d'anàlisi de mercats, de moviments portuaris, acords i consorcis al sector del transport i la logística... i anar sempre encorbatat! Havia arribat a aquella especialització del periodisme gairebé per accident, ja que vaig llicenciar-me sense tenir gaire clar en quin sector de la comunicació volia treballar. Amb el temps vaig aprendre a valorar el tipus de periodisme que estava exercint, malgrat les conferències ensopides i grises, o les baralles absurdes entre directius pels diners i el poder, i que jo havia de plasmar —o no— als meus articles.

Es podria dir que ho tenia tot: feina, família, amics, joventut... Estava molt a gust amb la meva vida i no volia canviar-la, però el ritme de treball frenètic dels darrers mesos, encara que no volgués acceptar-ho, començava a deixar petja en la meva salut. Durant les últimes setmanes s'havien incrementat els atacs d'asma, malaltia que pateixo des de petit, i diverses persones del meu entorn més proper van fer-me veure allò que estava clar: tot i estar de gust amb les meves ocupacions i que aparentment em sentís bé, necessitava unes vacances.

Aquella nit, assegut a la platja escoltant el mar, va envair-me un sentiment nou: «nostàlgia d'allò que encara no havia vingut», com ho descriurien molts literats amb gran encert en referir-se a aquest tipus de sensació.

L'endemà aniria a alguna agència de viatges i compraria un bitllet per volar fins a Ciutat del Cap. Sí, ja ho havia decidit: el meu destí seria Sud-àfrica. Sinó, algun país de l'Àfrica subsahariana. A la universitat vaig fer una tesina breu sobre el genocidi ruandès i la responsabilitat internacional en les matances que van tenir lloc l'any 1994 al bonic país dels mil turons. D'aleshores ençà sentia veritable passió pels temes relacionats amb l'esdevenir del panorama polític de l'Àfrica negra, i havia espremut llibres i articles sobre la història de molts dels seus països, sobretot de la zona dels Grans Llacs.

Vaig agafar la moto i vaig fer una volta per Barcelona. M'encantava recórrer els carrers de la ciutat damunt d'aquella moto negra i preciosa; era una sensació única. M'agradava circular per la Gran Via, el carrer de la Marina, la Diagonal, i observar la ciutat a diferents hores del dia.

Aquella nit vaig fer cap a les fonts de Montjuïc. Havia sentit que la Font Màgica, amb les seves formes canviants, estava funcionant, com acostuma a passar a l'estiu o amb motiu de la celebració d'alguna fira a la ciutat. Recordo quan acostumava a anar-hi amb el meu amic londinenc Carl Berrisford. A el Carl li encantava aquell espectacle de música i de color. El miràvem, rèiem i comentàvem enriolats la bellesa espectacular de les espanyoles que, en aquelles nits d'estiu, morenes i perfumades, semblaven princeses tretes d'algun conte de la mitologia hindú.

Un dia fred de gener, mentre estava dinant amb uns amics al davant del mar, vaig rebre una trucada que tant de bo no hagués arribat mai: havien atropellat en Carl al Soho londinenc i era a l'hospital en estat de coma. Quan vaig arribar a Londres amb el primer vol que vaig poder trobar, en Carl ja se n'havia anat, aquesta vegada per sempre, a un indret millor, possiblement amb fonts de llums de colors i noies boniques de cabells foscos a qui podria contemplar eternament.

Des d'aquell moment, cada any visitava les fonts com a homenatge al meu amic. Aquella nit vaig tenir ganes d'anar-hi i de quedar-me assegut tot veient aquell espectacle bonic. Ja estaven apagades, era de matinada i els vigilants de la fira em miraven amb cara d'estranyesa, de manera que vaig tornar a agafar la moto per recórrer altre cop la Gran Via fins a casa.

L'endemà no tenia feina a la revista, i vaig aprofitar el matí per fer les gestions del viatge. Feia anys que no me n'anava de vacances perquè em passava mitja vida treballant, de manera que, amb el poc que tenia estalviat, podia permetre'm de viatjar sense gaire limitacions econòmiques durant un parell de mesos.

Vaig entrar a la primera agència de viatges que vaig trobar. Els nois que atenien els clients eren simpàtics i somreien; van produir-me una primera impressió molt bona. A mesura que passa el temps, crec més en les primeres impressions i en les intuïcions sorgides en front de certes persones i en determinades situacions. Hauríem de fer més cas de la nostra intuïció, la més primària, la que té lloc fins i tot abans de pensar.

—En què podem ajudar-te?

—Mireu, estic de vacances i no tinc cap destí fix. M'atrau l'Àfrica, però tampoc no m'importa que sigui un lloc o un altre. Vaja, que si són els Estats Units o els països nòrdics, tampoc no passaria res.

Vam riure molt tots tres; possiblement feia molt de temps que no tenien un client tant despistat. Entre la Marta, en Ramon i jo va establir-se una entesa molt bona i vam fer amistat de seguida.

Encara sense tenir gaire clar on aniria, aquella setmana vaig tornar a l'agència un parell de cops més. Passàvem llargues estones parlant i rient. Eren professionals excel·lents i amables. La Marta va introduir-me al raja ioga, una modalitat de ioga molt practicada per l'associació Brahma Kumaris, i que es considerava el ioga de la concentració interioritzada. Vam anar diverses vegades a sessions de meditació al seu centre de Barcelona.

—I per què no l'Índia? —em deia en Ramon—. T'encantaria; jo hi he estat i va agradar-me molt, et parlaria dels indrets que conec i dels amics que hi tinc.

—L'Índia? —vaig esgarrifar-me—. Ni parlar-ne! Segur que tot allò és preciós, però no em ve de gust, la veritat. M'han dit que és tan brut, que hi ha tanta misèria... No ho sé, de veritat, no em ve de gust.

—Jo també penso que t'agradaria —va afegir la Marta—; t'interessa el ioga, i el ioga ve d'allà.

—No, no! — els deia—. Per aquí no hi passo! No sóc cap *hippie* que vulgui anar a l'Índia per trobar-se amb ell mateix i totes aquestes coses. No em vingueu amb punyetes!

Unamuno deia que qui viatja ho fa tot buscant el seu destí o per fugir del lloc d'on surt. Jo no volia ni una cosa ni l'altra. Però la qüestió és que, no sé gaire bé com ni per què, la Marta i en Ramon em van convèncer: vaig agafar un paquet turístic anomenat «L'Índia en llibertat», que pocs dies després em portaria pel Rajastan i a baixar fins a Benarès. L'Índia seria el meu destí.

2

El trencaclosques

Sempre hem de tenir present
que no serem lliures,
sinó que ja ho som.
Qualsevol idea que estem lligats és una il·lusió.
Qualsevol idea que som feliços o desgraciats
és una gran il·lusió.

SWAMI VIVEKANANDA

El meu vol sortia molt aviat. Aquella nit havia treballat al restaurant, de manera que només vaig dormir un parell d'hores. Vaig agafar un taxi a dos quarts de cinc per anar fins a l'aeroport del Prat.

—Vostè és el meu rècord Guinness en horaris —va dirme el taxista—; mai no m'havien fet anar tan d'hora a l'aeroport.

Quan vaig arribar a la terminal, i abans de facturar, vaig quedar-me una estona esmorzant en un bar situat al davant de l'edifici d'arribades. Els aeroports sempre m'han agradat molt; els trobo llocs idonis per observar, veure vides i moviments. On deuen anar? D'on deuen venir? Alguns devien anar a buscar alguna cosa que mai no havien trobat, i tornarien amb allò, o bé seguirien rastrejant altres indrets. Alguns denvien viatjar per provar fortuna en ciutats llunyanes o per anar a cercar el seu estimat o estimada en un lloc millor. Potser hi havia persones per a les quals el viatge suposava l'inici d'una vida nova i unes altres per a les quals el retorn comportava la fi d'una evasió que restaria per sempre ancorada a les seves memòries com allò que podia haver estat una realitat, i s'havia quedat en un somni.

Alguns potser havien deixat en ciutats remotes racons de l'ànima que, com una olor o una cançó recordada després d'un temps, els farien reviure moments feliços si algun dia hi tornaven, rememorant aquell instant durant el qual havien pogut viure de manera pura i intensa.

Alguns dels viatges que feien aquestes persones no eren com el que jo emprenia —unes simples vacances—, i m'apassionava imaginar quines circumstàncies els devien envoltar.

Vaig tornar a pensar en el meu viatge i vaig repassar l'itinerari bo i anotant-lo en una llibreta minúscula: primer ens aturaríem a Aman, on estaríem unes hores per veure la capital jordana i agafar un altre avió, aquesta vegada amb rumb cap a Delhi.

M'agradava la idea de fer aquell viatge tot sol. Potser pel fet de ser fill únic, havia hagut d'acostumar-me a mantenir converses amb mi mateix, a saber-me sense companyia humana i, per això, estar sol mai no m'havia resultat difícil; més aviat, tot el contrari. M'agradava —em segueix agradant— gaudir de molts moments de soledat.

El vol va anar bé. No recordo amb precisió qui tenia assegut al costat, ni què va passar durant el trajecte. Suposo que res gaire diferent al que passa en un vol normal: una estona dormint, una altra de turbulències i unes quantes més de lectura.

L'escala a Aman va ser fantàstica. Vaig estar parlant amb quatre noies espanyoles, simpàtiques i molt de la broma, que viatjaven a l'Índia amb el mateix operador turístic que jo i amb qui segurament coincidiria en diferents ciutats del recorregut.

—D'aquí a pocs minuts aterrarem a Delhi —les paraules entretallades d'aquella hostessa van despertar-me. Aviat arribaríem a l'Índia, el país on hauria de passar-m'hi gairebé un mes. I si no m'agradava? ¿I si la primera setmana em cansava d'aquell lloc i em venien unes ganes terribles de marxar?

—Tripulació, desarmeu les rampes...

Les comportes de l'avió van obrir-se i vaig quedar-me assegut, esperant que passés el moment d'histèria col·lectiva habitual en qualsevol final de vol, abans de sortir de l'avió. Quan van haver baixat tots els passatgers, vaig agafar l'equipatge de mà i vaig preparar-me per sortir de l'aparell i per entrar a l'atmosfera d'un país fins aleshores desconegut. «Que poques coses sé de l'Índia! —vaig pensar—. ¿Com és possible que hagi vingut a un país pel qual mai no he sentit cap mena d'interès?»

Quan vaig creuar aquella portassa, un aire calent i fètid va colpejar-me la cara. Una olor indescriptible va apoderar-se de les meves fosses nasals i ja no va abandonar-me en tot el viatge. Quina mala olor que feia aquell país! I quina calor tan desagradable!

Després d'esperar les maletes i de mil confusions per agafar-les, un minibús va portar-me fins a l'hotel, que era a prop de Connaught Place, un dels eixos centrals, un dels indrets més concorreguts de Delhi.

El carrer era ple de gent, devien ser les vuit del vespre i ja era fosc. Llums, negocis petits i, sobretot, una congestió humana que no era normal. ¡Mai de la vida no havia vist tantes persones juntes!

Després d'arribar a l'hotel, vaig sortir a passejar pels voltants de la zona. !Que poc que em va agradar el que vaig veure! El terra estava cosit de taques vermelles —després vaig saber que eren escopinades de *paan*, una herba que masteguen i que, per a molts indis, és una addicció semblant a la del tabac a Occcident—; la gent no podia ni caminar, de tan ple com estava el carrer.

També em sobtava veure tants gossos abandonats, completament depauperats. Se'ls veien les costelles com si la pell només fos una seda transparent, i alguns d'ells tenien ferides que els deixaven al descobert la carn i els nervis. Coixos, apallissats, amb parts del cos totalment destrossades i una expressió de tristesa dibuixada als seus esguards somorts. Com a amant i defensor dels animals, allò va doldre'm profundament. Després vaig saber que aquell maltractament dels gossos està originat per la creença hindú que afirma que són reencarnacions de lladres o d'individus que durant la seva vida havien tingut una conducta reprovable.

I, per tot, pobres, persones dormint al carrer, captaires mirant-me amb ulls desesperats. I nens, centenars de nens mig despullats, jugant amb escombraries o amb alguna cosa que va semblar-me una rata morta. I, de sobte, en plena ciutat, una vaca passejant-se amb absoluta normalitat, sense que ningú no s'immutés. Cada racó que observava em produïa un dolor punyent. Amb el temps, m'he preguntat el perquè d'aquella sensació. Simplement podria haver-me desagradat; no entenc el motiu que va portar-me aquell efecte desbordant.

Vaig passar molt mala nit. Només desitjava tocar el dos d'allà de la manera que fos. Aquell país no m'agradava gens.

S'estaven confirmant els temors que havia tingut durant el vol: què faria ara un mes en aquell lloc? ¡Com desitjava que els dies passessin de pressa!

He llegit articles que s'han escrit sobre mi, segons els quals l'Índia va enamorar-me des del primer moment, que va ser un amor a primera vista. No és pas veritat. Aquell país, al primer encontre, va desagradar-me profundament. Com podia fascinar-me un indret amb tanta misèria?

No vaig ser capaç de dormir ni una dècima de segon. Pensava especialment en els nens pobres i els captaires que havia vist unes hores abans. Em preguntava com era possible que aquell fos el mateix món en què jo havia estat vivint fins aleshores. ¿Com era possible que actualment existissin coses així? ¡Era com haver anat a parar de cop a l'Edat Mitjana!

Amb el temps he associat aquella primera nit de desesper profund a una metamorfosi estranya que vaig experimentar. Sovint ho comparo amb un trencaclosques. En aquell moment, les peces del meu trencaclosques interior —que també podríem anomenar ànima— van desmuntar-se per tal de deixar un forat on tornar-se a col·locar, però amb una altra disposició. ¿Potser era veritat que l'Índia canviava la teva escala de valors? ¿Tenien raó aquells tòpics que m'agradaven tan poc?

L'endemà vam emprendre el camí cap a Jaipur, una ciutat que va semblar-me preciosa, tot i la mena de boirina que ho cobria tot, i que després vaig saber que era contaminació. A partir d'aquest moment vaig començar a gaudir de cada segon del viatge i a aprendre d'un país del qual, fins aquell moment, no n'havia volgut saber res. L'angoixa de la primera nit ja no va tornar, i vaig comprar-me alguns llibres per tal d'ampliar els meus coneixements sobre l'hinduisme, les castes i altres factors necessaris per entendre l'Índia i alguns aspectes de la humanitat.

Va meravellar-me Mandawa, un altre poble molt atractiu del Rajastan. Allà vaig estar dormint a l'antic palau d'un maharajà, que havien convertit en hotel per tal de fer-lo rendible. Des de la torre més alta de l'edificació es veien deserts infinits, puntejats per algun color viu d'un sari preciós que avançava amb elegància per aquella mar de sorra.

I Agra, on vaig passar hores i hores contemplant bocabadat la bellesa espectacular del Taj Mahal, el monument més gran construït mai per amor. Vaig visitar aquest impressionant edifici mogol a primera hora del matí i no vaig abandonar-lo fins al capvespre; van erigir-lo per encàrrec de Sha Jahan, que va construir-lo com a mausoleu de la seva segona esposa, Mumtaz Mahal, morta durant un part el 1631. Calculen que més de 18.000 persones van treballar en les obres i, a algunes d'elles, un cop enllestida la construcció, els van amputar les extremitats per tal d'evitar que es pogués repetir aquella perfecció.

—A la vida, tots construïm el nostre Taj Mahal propi, d'una manera o d'una altra —va dir el guia—. ¿Ja sap quin és el seu Taj Mahal?

—No ho sé —vaig respondre-li de seguida—, però estic convençut que també estarà relacionat amb l'amor.

Aquella pregunta va deixar-me pensarós. I la meva resposta, encara més. Per què li havia contestat això? ¿Ho pensava de veritat? Quin seria el meu Taj Mahal? ¿Ja havia creat alguna cosa? ¿Estava preparant els fonaments adequats per a la construcció de la meva vida? Les meves relacions amb la família, els amics i els éssers estimats, ¿s'assentaven sobre una estructura tan sòlida com la d'aquell monument impressionant?

Benarès (Varanasi), la següent parada del recorregut, va ser l'indret que va impactar-me més d'aquell viatge. Hom creu que aquesta ciutat sagrada de l'Índia, coneguda també com «la ciutat de la llum», pertany al déu Shiva, i expliquen que el riu Ganges, que travessa tota la ciutat, brolla dels cabells del déu.

M'agradava passejar pels carrerons propers als *ghats*, unes escalinates de pedra construïdes el segle XVIII que baixen fins a l'aigua del riu, on milers de peregrins van a pregar. Un dels moments més fabulosos que recordo d'aquell viatge va ser la passejada que vaig fer amb una barqueta pel Ganges a primera hora del matí, mentre sortia el sol. Semblava que pogués tocar-lo, enorme, vermellós. «Quina sort que tinc, de poder ser aquí!» —vaig pensar sorprès per aquelles sensacions.

Va causar-me un gran impacte veure els carrers dedicats als «moridors», unes coves menudes o unes tendes de fang totalment obertes al carrer que les famílies lloguen per tal que el moribund hi exhali el seu darrer sospir.

Els hinduistes creuen que la vida terrenal està formada per cicles, i que per aquest motiu morim i naixem una vegada i una altra, un procés anomenat *samsara*. La qualitat de la reencarnació posterior dependrà sempre del *karma* (conducta) que s'hagi tingut a la vida anterior. Complir amb el *dharma* (deure) sempre és una garantia que la següent vida serà millor. Si no has tingut una conducta justa, et reencarnaràs en una casta inferior, o fins i tot, en un gos.

Aquells dies vaig conèixer la Devi, una velleta que va anar a morir prop del Ganges amb els seus fills. Tot i tenir els ulls entelats i gairebé tancats, a punt de quedar-se en blanc per al moment final, ¡quant d'amor irradiava el seu esguard! Aleshores vaig recordar un anònim anglès que sempre m'havia agradat:

El temps és massa lent per a aquells que esperen,
massa ràpid per a aquells que tenen por,
massa llarg per a aquells que pateixen
i massa curt per a aquells que en gaudeixen.
Però, per a aquells que estimen, el temps
és l'eternitat...

«És l'eternitat», devia repetir-se la Devi en la profunditat de la seva agonia lenta. Als vuitanta-tres anys i en un «moridor» de Varanasi, Devi Saroj va cloure els ulls a aquella existència. L'estava esperant una altra vida.

També va impressionar-me contemplar les pires funeràries i presenciar com cremaven els morts. Encara que alguns turistes s'horroritzaven davant d'aquella escena, a mi va semblar-me fascinant, i m'ho continua semblant. El ritus funerari hinduista és dels més bonics que he vist mai.

M'encanta seure a les escalinates d'algun dels *ghats* i observar atentament els *sadhus*, els homes que ho deixen tot, que renuncien a la família, la parella i la posició social, i a qualsevol de les seves possessions materials, amb l'objectiu d'emprendre un procés de cerca espiritual a través de la meditació i de l'estudi dels textos sagrats.

Jo, podria deixar-ho tot? No ho creia. Sentia gran afecció per la meva estança, la meva roba, les meves caixetes amb records acumulats. Em sentia satisfet amb les meves feines, amb la meva vida. Però... ¿realment m'hi sentia, o només o creia? Durant aquell viatge, cada cosa, cada gest i cada racó observat m'inspiraven per fer-me preguntes sobre la meva existència que mai no m'havia plantejat abans.

Sempre havia sentit curiositat per les persones que, quan saben que els queda poc temps de vida, comencen a fer tot el contrari del que estaven fent fins aleshores, es desprenen de moltes coses i comencen a viure realment. ¿Per què no ho fem tots, bo i donant ales als nostres anhels interiors i als somnis més íntims, si també algun dia hem de morir?

En aquell moment vaig adonar-me que era menys lliure del que em pensava. Moltes de les presons que tenim els humans, les hem creat nosaltres mateixos i només nosaltres tenim el poder de serrar-ne els barrots.

Vaig marxar de Varanasi havent rebut un gran impacte: allà vaig viure-hi l'Índia en essència. Després també vaig saber que, com molts altres turistes, havia caigut en una de les ensarronades més habituals d'aquella ciutat: la de la llenya per als pobres. Algú t'ensenya les pires funeràries i t'acompanya durant el teu recorregut per Varanasi fins arribar a un pont on t'explica que algunes persones són tan pobres que no tenen llenya per ser cremades. Si oferissis un donatiu, seria molt benvingut i un bàlsam per a una cosa tan dolorosa com no tenir diners ni per ser cremat després de morir. Molts turistes «piquen» (jo en vaig ser un) i acaben oferint almoines (unes més substancials que les altres) per a la llenya dels pobres a qui no poden cremar. En la majoria dels casos, aquells diners no són ni per a la llenya ni per cremar a difunts pobres, sinó perquè el guia que ens ha entabanat faci un bon tiberi.

L'últim dia a Varanasi, en posar-me al llit, vaig començar a sentir un pessigolleig a les cames. L'endemà a la nit, aquesta sensació va accentuar-se i, un parell de dies després, ja era una picor insuportable que fins i tot m'havia provocat feridetes a la pell. A l'hora d'analitzar què podia ser allò, vaig jugar amb avantatge. Sempre he fet broma dient que el meu cos deu ser una mena d'hotel de cinc estrelles per a les malalties, perquè n'hi ha ben poques que encara no hagin visitat la meva anatomia: fongs, al·lèrgies, asma, infeccions, supuracions, virus..., la majoria, les conec! Allò era sarna; no hi havia dubte.

L'endemà, i gràcies al coneixement adquirit a partir de les múltiples malaties que he patit, vaig presentar-me al més semblant a una farmàcia que vaig trobar per tal de demanar algun preparat a base de permetrina, una solució que mata tant els paràsits com els seus ous. Allò va funcionar, i pocs dies després, la picor havia desaparegut. Aquell episodi, fins i tot el valoro sovint com una preparació, com una broma del destí o com un avançament per tal d'avesar-me a les múltiples sarnes i infeccions que no només veuria, sinó que viuria més endavant.

Des de Varanasi vaig emprendre el vol cap al Nepal, un país molt més net que l'Índia i que, al començament, va agradar-me.

Lamentablement, no vaig tenir temps de visitar cap de les escoles que va muntar-hi la Vicky Sherpa, nom amb què és coneguda la catalana Victòria Subirana, que un bon dia, fa uns quants anys, va quedar-se a viure al país per tal d'aplicar-hi uns excel·lents mètodes d'ensenyament als nens més pobres i de desenvolupar-hi una tasca humanitària impecable.

En canvi, sí que vaig poder visitar Maiti Nepal, el meu primer contacte in situ amb una organització no governamental (ONG). Fins aquell moment mai no havia sentit cap atracció per aquesta mena d'iniciatives, una cosa que en aquell viatge va fer-me sentir malament. ¿Com és que abans no m'havia interessat per aquelles persones que intenten fer un món —el meu món— millor? Vaig començar a adonar-me que havia estat immers en una mena de passotisme egoista en relació amb les altres persones que viuen al planeta. «De vegades ens obsessiona més un gra al nas que el fet que cada dia morin de fam tants nens al món», diu un proverbi xinès. ¡Quanta veritat hi ha en aquestes paraules, i com arriba a ser de trist que sigui cert!

La fundadora de Maiti Nepal és L'Anuradha Koirala, amb qui vaig tenir el plaer de conversar sense presses. Aquesta dona enèrgica i carismàtica rescata noies nepaleses raptades per a exercir la prostitució. Mentre visitava el centre, pensava en la valentia d'aquesta dona i em preguntava si jo seria capaç de fer un sacrifici d'aquesta mena.

L'Anuradha va estar-me comentant que moltes nenes són venudes per les seves famílies a xarxes de prostitució de països veïns al Nepal, com ara l'Índia. Allà les exploten sexualment fins que, quan contreuen alguna malaltia, les acaben repudiant, de manera que no els queda cap més remei que morir al carrer.

—I on les porten a treballar? On són aquests bordells?

—La majoria les porten a Kamathipura, el barri dels llums vermells de Bombai.

—Bombai... —vaig repetir, preguntant-me per què no havia inclòs aquella ciutat al meu recorregut—, m'hauria agradat conèixer Bombai, senyora Koirala, però no crec que la conegui mai. No tinc cap intenció de tornar a l'Índia. El país m'ha agradat molt, però no tant com per tornar-hi.

3

Bombai

La veu humana mai no podrà cobrir la mateixa distància
que la petita i silenciosa veu de la consciència.

GANDHI

Els mesos que van seguir el meu primer viatge a l'Índia van ser estranys. Va costar-me moltíssim tornar a la rutina diària: tenia la ment més als deserts del Rajastan i als carrerons de Varanasi que a les voravies ordenades de Barcelona. Aquell país llunyà no m'havia entusiasmat, però tampoc me'l podia treure del cap.

Vaig comprar desenes de llibres sobre hinduisme, jainisme, budisme, sikhisme, parsis i totes les religions existents al país de les mil confessions. Vaig empapar-me d'història política, vaig llegir diferents biografies de Mahatma Ghandi, el pare de l'Índia, d'Indira Ghandi, la dama de ferro d'Orient, i del doctor Ambedkar, un dels grans defensors dels drets dels intocables al subcontinent. Vaig esbocinar a base de lectures repetides els quaderns de viatgers que descrivien amb precisió les terres que ja no m'eren alienes.

Vaig devorar tractats de Swami Vivekananda, Rabindranath Tagore i assaigs apassionants de filòsofs indis dotats d'una saviesa i d'un sentit comú aclaparador.

Quan anava en moto o bé caminant per la Barceloneta, sempre tenia al cap alguna de les frases extretes d'aquells escrits i les recitava interiorment una vegada i una altra, com un eco incessant que cada minut em donava una lliçó nova.

Com més aprofundia en aquelles lectures, més m'adonava de com n'havia estat d'ignorant fins aquell moment. La filosofia índia, a diferència de la que havia conegut fins aleshores, no parlava d'individus ni de personalitats, sinó d'ànimes i de l'univers. Em quedaven especialment gravades a la memòria nombroses cites de Vivekananda:

Tota la responsabilitat del bé i del mal està a dins teu.
És una gran font d'esperança. El que has fet, pots desfer-ho.

Tampoc no sé gaire bé com ni per què, i no podria explicar-ho d'una manera racional, però pocs mesos després vaig trobar-me al davant del meu cap demanant-li unes altres vacances de quatre setmanes per poder tornar a aquella terra que, curiosament, tant somniava. I vaig aconseguir-ho.

Aquesta vegada tornava a l'Índia tot aterrant en una ciutat, el nom de la qual només havia escoltat en una cançó del grup Mecano, que la definia com un paradís: Bombai, la capital financera i comercial del subcontinent.

Bombai fou fundada cap al segle II a.C., quan els pescadors koli van començar a poblar les diferents illes que formen la ciutat. Posteriorment, van ser governades per diferents dinasties hindús; després van ser propietat dels àrabs i, més tard, de Portugal, que cedí la ciutat al soldà de

Gujarat el 1534. El govern britànic s'apoderà de Bombai l'any 1665, tot i que poc temps després va vendre-la a la Companyia de les Índies Orientals tant sols per 10 lliures anuals.

Des del 1996, Bombai rep el nom de Mumbai, nom marati (dialecte de l'estat de Maharashtra) derivat de la deessa Mumba, a qui rendien culte els antics pescadors ocupants de la ciutat. Chhatarapati Shivaji és el gran heroi marata, que va aconseguir el poder i la força de l'estat de Maharashtra, que té Bombai com a capital actual. Alguns partits polítics, com el Shiv Sena, són fervents seguidors de Shivaji i defensors a ultrança de tot el que fa referència a l'estat i a la seva religió majoritària, l'hinduisme.

Bombai és l'epicentre de la descomunal indústria cinematogràfica de Bollywood, el cinema indi, el major productor de pel·lícules a l'any en tot el panorama mundial. Cada mes hi van milers i milers d'indis procedents de tots els racons del país bo i cercant els seus somnis, molts dels quals degeneren en malsons d'extorsions i d'explotació.

Hi vaig arribar de matinada. Quan van obrir-se les comportes de l'avió i vaig tornar a prendre contacte amb l'atmosfera índia, la meva pell va reconèixer aquella calor característica, ara més amigable i menys estranya.

—Vaig marxar d'aquí pensant que mai no hi tornaria —vaig recordar— i, en canvi, sóc aquí...

Vaig pujar a un taxi prepagat al mateix aeroport per creuar tota la ciutat fins arribar a la zona sud, on m'havia d'allotjar. El meu hotel era a la zona de Colaba. Era una pensió amb una relació qualitat-preu molt bona que m'havien recomanat, i que era a pocs metres de la Porta de l'Índia, el monument més turístic de la ciutat, erigit per tal de commemorar la visita del rei Jordi V el 1911.

A aquelles hores, la ciutat tenia molt poca llum, i durant tot el recorregut vaig tenir ocasió d'observar uns objectes grisos que sobresortien del terra, a banda i banda dels carrers. Em preguntava què devien ser aquells bonys. Aviat vaig descobrir que eren persones que dormien als carrers perquè no tenien barraca ni sostre per viure.

La nova Mumbai va semblar-me grisa. Tenia els tons merenga de la solitud, els beix fosc de la brutícia i de la pobresa. Un color trist, sí; un color molt trist. Aquell era el color de Bombai: el gris de la tristesa.

Un parell de dies després vaig agafar un autobús per anar fins al petit estat de Goa, on vaig allotjar-me durant un cap de setmana en una petita cabana de fusta de la tranquil·la zona de Benaulim. Era molt bonic, allò! Cada dia em despertava amb la remor de les ones de la mar i contemplava les formes boniques que recreaven els núvols i que es reflectien a l'atractiva immensitat del mar d'Aràbia. Allò sí que era un luxe!

Des d'allà vaig agafar un autobús que va dur-me a la ciutat de Bangalore, per baixar fins a la regió d'Anantapur i poder visitar els projectes de la Fundació Vicente Ferrer. El Vicente i l'Anne Ferrer van rebre'm d'una manera fantàstica, i aquell segon contacte amb una ONG va ser, sens dubte, una experiència inspiradora per a les sorpreses que els temps nous portarien amb ells.

Vaig deixar enrere l'estat d'Andra Pradesh dalt d'un tren que em duria altre cop fins a Bombai. Tot i que en aquell moment ho ignorava del tot, aquest vagó oxidat no em portava només a una ciutat. L'estació final d'aquell trajecte era la resta de la meva vida.

La capital de Maharashtra va semblar-me igual com l'havia vist la primera nit: horrorosa, plena de pols i de contaminació, saturada de gent. Constantment topava amb ells: bruts, pollosos, famèlics i desnerits, travessant-me amb el seu esguard penetrant, dotat d'una intensitat on s'hi podien endevinar totes les injustícies d'una societat atroç. Eren els intocables, recollint escombraries, demanant caritat, suplicant clemència al regne de la ignorància i del menyspreu, i a les normes imposades per la llei absurda del més ric i del consumisme més descarat.

Quants pobres hi havia en aquella ciutat! ¿No se suposava que era la meca del cinema de Bollywood, l'urbs dels grans empresaris i dels somnis? ¿No deien que Calcuta era el més dur del país?

Els estrangers es concentraven a Colaba, l'epicentre turístic per excel·lència d'aquell indret, on els estrangers hi eren majoritàriament de pas per agafar després l'avió que els duria als estats de Goa, Kerala o a qualsevol altre destí al sud del país.

Bombai em colpejava cada dia. Molt sovint vaig tenir aquella sensació que va envair-me a Delhi la primera nit: angoixa, dolor i un sentit estrany de la responsabilitat en front d'aquella visió d'ignorància i de misèria que, indubtablement, em superava.

Malgrat això, la ciutat també m'obsequiava amb vivències precioses. Recordo una escena bonica, potser intranscendent per ella mateixa, però que no oblidaré mentre visqui. Devien ser les dotze del migdia quan el taxi en què anava va aturar-se en una de les múltiples cruïlles de la Marine Drive, la que ells anomenen «Queen Necklace» (collaret de la reina) per la forma dels edificis de la badia que, quan es fa fosc, il·luminen les finestres i produeixen el mateix efecte brillant que un collaret de diamants.

A l'alçada del Jazz by the Bay, un dels locals amb orquestres en viu més populars de la ciutat, una vella va apropar-se a la finestreta del cotxe amb un somriure hipnòtic. Els seus ulls irradiaven la bondat més absoluta i el seu rostre, molt morè, estava notablement arrugat degut al pas dels anys i, segurament, també a la pena i la solitud. Era venedora de roses, com les que duia a la mà, fresques i d'un vermell intens, tant com l'interès que va despertar-me.

—Compri'm una flor, li ho prego —va demanar amb veu melosa—, la seva xicota estarà contenta.

—Senyora, no tinc xicota.

—Doncs jo seré la seva xicota —va dir dolçament. Sense deixar de somriure.

La tendresa d'aquella bona dona va arribar-me tan al fons, que li vaig comprar tot el pom, i li vaig donar la quantitat de rupies equivalent al cost de molts més poms. La seva expressió d'alegria va ser un regal bonic, i vaig sorprendre'm content i feliç en veure el somriure d'aquella velleta, en pensar en la seva alegria, en la seva il·lusió. A partir d'aquest moment vaig començar a percebre, amb intensitat, com era de plaent l'acció de donar. Lliurar sense esperar res a canvi. Regalar només pensant en qui rep.

Fer feliços els altres és el veritable secret de la felicitat; no n'hi ha d'altre. Desprendre'ns totalment dels nostres interessos i centrar-nos en els dels altres i en allò que pot fer-los feliços. Aquesta és la fórmula indiscutible per tal de donar sentit a la nostra existència, per ballar al compàs marcat pel veritable impuls d'humanitat i de vida. Som instruments d'amor, i els instruments només tenen valor i significat quan són escoltats per una audiència.

Sempre busquem la nostra ventura, tot esperant ser més feliços tenint això o comprant allò altre, tot imaginant que vivim d'una manera o d'una altra i buscant en els altres les alternatives per arribar a la nostra plenitud. No, aquest no és pas el camí. Únicament pensant en els altres i oblidantnos dels nostres interessos i ambicions podrem comprendre i adquirir plenament el sentiment de la felicitat amb totes les seves notes i matisos.

Hem d'actuar com el vidre d'una finestra a través del qual hom mira. Igual com els nostres esguards van més enllà dels vidres i se centren en els horitzons bonics que s'hi descobreixen més lluny, nosaltres també hem d'ultrapassar els nostres objectius egoistes. Buscar la nostra felicitat és no veure més enllà del vidre.

Quin valor té una camisa penjada sempre a l'armari? ¿De què serveix un telèfon si no hi ha ningú a l'altra banda per poder parlar-hi? Igual com una camisa serveix per vestir algú, nosaltres servim per vestir amb regals i alegria el cor i l'ànima dels altres, i per transmetre, per mitjà de l'amor, el gaudi de la vida.

El semàfor (possiblement dels pocs que es respecten en tota la ciutat) va posar-se verd i el taxi va avançar. En un intent de tornar-li les roses (perquè eren de la meva xicota, i la meva xicota era ella), les flors van volar pels aires i van formar un bonic núvol vermell enmig d'aquella ciutat polsegosa. El paisatge que deixava enrere era d'una bellesa impagable: la vella, contenta i somrient, encerclada de pètals vermells que dansaven al seu voltant abans de sucumbir a l'inevitable instant de la caiguda.

Vaig agrair profundament haver estat testimoni d'aquella bonica imatge i que la dona, si més no aquella nit, pogués tenir unes quantes rupies que li permetessin allitar-se, amb l'estómac ple i el record d'un moment màgic, al llit de cartró on probablement malvivia.

Però això no era suficient. ¿Per què m'havia d'alegrar que mengés aquell vespre? ¿Que potser no dormiria al damunt d'un llit de cartró?

4

Pooja

> La pobresa no ha de tenir cabuda en una societat humana civilitzada. El lloc que li correspon són els museus. I allà és on acabarà. Quan els alumnes visitin els museus de la pobresa amb les seves escoles, s'esgarrifaran en contemplar el patiment i la humiliació que patien els éssers humans. Culparan els seus avantpassats per haver tolerat aquella situació inhumana i per haver permès que es perllongués en un sector tan ampli de la població fins ben entrat el segle XXI.
>
> MUHAMMAD YUNUS

Els dies passaven de pressa mentre descobria racons nous de Bombai. L'enrenou ja no em molestava. M'havia acostumat al ritme frenètic d'aquell lloc, a devorar els deliciosos *vada pavs* —una massa de patata i espècies que se serveix a dins d'un pa que es coneix com l'«hamburguesa índia»—; gaudia dels *pavs bhajis* que cuinen als restaurants petits de Juhu i retenia a la memòria totes les imatges i situacions que em passaven pel davant.

Tot i els obsequis que em regalava aquella experiència, em feria, em colpejava amb força l'ànima i em rosegava l'ànim gradualment el fet de descobrir tanta pobresa per tots els racons de Bombai. No aconseguia acostumar-me a veure ací i allà hotels de luxe i cotxes de marca al costat de centenars de nens mig despullats, malvivint i demanant almoines amb la cara plena de crostes i d'infeccions. Boniques flors emergents a les quals un destí inexorable obligava a continuar per sempre més simplement com les males herbes del jardí de la vida.

Una tarda, quan sortia de visitar Mani Bhavan —la casa on Gandhi va allotjar-se durant les seves visites a Bombai entre el 1917 i el 1934—, vaig agafar un taxi per tornar a l'hotel. El taxista va perdre's (o, si més no, això va fer veure per tal d'aprofitar-se, molt probablement, d'un turista despistat) i va passar per una zona plena de barraques. A cada banda de la carretera que creuàvem s'hi veien amplíssimes extensions de sostres de llauna que arribaven fins allà on la vista es perdia. Creuàvem un pont sobre una mar de misèria on, per més que intentés evitar-ho, desitjava capbussar-me, tot i intuir que les seves profunditats allotjarien realitats que no em resultarien gens agradables.

Aviat es faria de nit i sabia que ja no arribava a temps per visitar el museu de la ciutat que hi havia a prop de l'hotel, perquè segurament ja haurien tancat.

Aleshores, com un efecte còmplice del destí, coneixedor dels meus desigs, el taxi va quedar retingut pel trànsit en aquell mateix moment.

—On som? —vaig preguntar-li.

—A Matunga, senyor. Tot això que veu aquí és Dharavi, una zona de *slums.*

Empès per una força desconeguda, vaig ordenar al conductor que aturés el taxímetre i que em deixés allà. Vaig continuar caminant aquell tros de carretera fins arribar al final i vaig baixar per un caminet fins a la vora d'aquell oceà gris que se m'obria als peus.

Vaig fixar-me en una nena de cara preciosa que, asseguda sobre un petit monticle del pendent, a prop de la carretera, m'observava somrient. Quan m'hi vaig dirigir, en lloc de girar-se, de fugir o, senzillament, d'ignorar-me, va continuar mirant-me, aquesta vegada amb el somriure molt més clar i ampli.

—Com et dius? —vaig preguntar-li en anglès.

—Em dic Pooja —va respondre en el mateix idioma.

—Parles anglès? Molt bé!

—Sí, parlo anglès a la feina.

Tot alçant les celles, vaig inclinar el cap i de seguida vaig adonar-me que en aquella mateixa zona hi havia diversos nens que demanaven almoines als cotxes que s'hi amuntegaven, esclaus de la desbordant quantitat de vehicles que hi ha a la ciutat. Aleshores vaig entendre quina era la feina de la Pooja, i va estranyar-me que em parlés amb tanta naturalitat, sense demanar-me almoina, com feien els altres.

—On vius, Pooja?

—Aquí mateix, molt a prop. Vols veure la meva casa? Visc amb els meus pares i el meu germà. Vine, que te l'ensenyaré.

Vaig donar la mà a aquella nena i, sense dubtar ni un moment, vaig deixar-me portar i vam entrar en un carreró que amb prou feines tenia un metre d'ample al bell mig de la zona de les barraques.

La Pooja caminava lleugera, sense mirar endavant, sinó que em mirava fixament mentre m'estudiava les venes de la mà i tractava d'imitar la meva manera de caminar per tal d'agafar el mateix pas. Estava bruta i anava despentinada, feia un somriure d'orella a orella i segurament pensava en la tarda de jocs que passaria amb les amigues del seu veïnat. Anava descalça. Duia una samarreta gastada i molt curta de color verd llimona i una graciosa faldilla amb vol, de color granatós amb flors blanques petites estampades a la part inferior. Descosida per la vora, la peça de roba donava a la Pooja un aire festiu, tot i el paisatge d'escombraries i rebuigs que l'envoltava.

El barri per on caminàvem la Pooja i jo, Matunga, és a Dharavi, una de les extenses zones de slums que abunden a Bombai. Amb gairebé 20 milions d'habitants, un 60 % de la població de la ciutat malviu en habitacles minúsculs fets amb cartrons, uralita i altres materials moltes vegades enormement perjudicials per a la salut.

Dharavi és la zona de barraques més extensa d'Àsia i hom calcula que és una de les més grans del món, juntament amb els suburbis de Johannesburg, a Sud-àfrica, i les *favelas* de Rio de Janeiro, al Brasil.

—Aviat arribarem —m'anava dient la Pooja, sense abandonar el seu somriure.

Uns metres més enllà, a la paret del darrere d'una estació de tren, un grup de nens jugava un partit de criquet enmig d'uns grans crits d'alegria. Entre les pedres, les falgueres i les escombraries del terra, era possible endevinar el moviment d'alguna rata, un rosegador habitual al paisatge dels *slums* de Bombai.

Entre les tonalitats de pell dels indis, la de la Pooja era força fosca. Els seus ulls grans i negres, es tornaven com xinesos cada vegada que somreia, tot formant dos solcs horitzontals que semblaven rierols de tinta.

—Visc aquí —va indicar-me, mentre assenyalava una barraca feta de fustes, uralita i planxes de ferro rovellat.

Un gran cartró feia de porta i estava lligat a la paret d'uralita amb un filferro. Fora s'hi amuntegaven centenars de bosses d'escombraries. Aleshores vaig recordar una cosa que havia llegit sobre l'ocupació més habitual dels habitants d'aquelles zones: la recollida d'escombraries per revendre-les a les empreses de reciclatge.

Vaig apropar-me a la llar de la Pooja i, traient-hi el cap amb timidesa, vaig observar amb deteniment aquell espai. Era fosc i minúscul, d'uns tres metres quadrats, a tot estirar. Allà hi havia dos matalassos doblegats, mossegats per la brutícia i, segurament, per la gana d'algun rosegador. En un prestatge de conglomerat gris hi havia estris de cuina molt ben ordenats i un televisor —curiós, oi?— cobert per un tapet brut. Res més. Allà hi vivien la Pooja i la seva família.

Mentre estava immers en aquella visió, una mà que no era la de la Pooja va tocar-me l'esquena. Vaig donar-me la volta i vaig veure una noia preciosa, amb el rostre perfectament simètric i una expressió bondadosa. Devia tenir poc més de trenta anys, i es notava que la seva rutina i la vida que duia en aquell lloc eren els factors que li feien aparentar vint anys més.

Vaig entendre que era la mare de la Pooja, i així m'ho va confirmar la menuda, que saltava d'alegria per haver portat aquell estranger a casa seva. La dona s'esforçava per parlar-me, però jo no entenia ni una sola paraula d'hindi i només podia somriure-li. Aquell viatge m'estava demostrant el poderós i eficaç poder del somriure.

—Diu que seguis, que de seguida et portarà algun refresc —va dir la nena mentre em convidava a jeure al damunt d'un llit fet de corda d'espart i lligat a quatre bases de fusta.

—No, si us plau, digues-li que no s'amoïni —vaig exclamar tot pensant en l'esforç econòmic que suposaria per a aquella gent pagar el preu d'un refresc.

Per tal d'ocupar l'espera, vaig seguir parlant amb aquella nena de somriure agradable i d'esguard viu.

—Amèrica? —va preguntar-me encuriosida.

—No, sóc de Catalunya.

—Catalunya? —va repetir mentre mirava cap a un costat i simulava que sabia d'on li parlava.

—Quantes persones hi viviu, aquí?

—Nou: la meva mare, el meu pare, el meu germà gran, la seva dona, el seu fill, la meva germana, jo, la meva àvia i el meu oncle. A casa, no hi cabem tots; per això també dormim fora.

Aleshores vaig recordar els bonys grisos que vaig veure des del taxi la primera nit que vaig arribar a Bombai.

Ràpidament, dues dones amb uns saris rosa i taronja preciosos, i pomets de gessamí posats als cabells se'm van apropar mentre m'allargaven una ampolla de Thumbs'up, la Coca-Cola de l'Índia.

Quantes coses hem d'aprendre d'ells!, vaig pensar. ¡Amb quanta humilitat hem de viatjar a l'Índia i quantes lliçons de generositat m'estaven donant els seus pobres! Si de sobte fossin rics, serien tan generosos? Aquelles experiències van fer-me qüestionar el valor dels diners i el seu efecte molt sovint pervers. Això no obstant, si aquelles persones tinguessin una mica més de diners, podrien tenir accés a una casa digna. L'habitacle que ocupaven ara, molt probablement se n'anava en orri durant les pluges de cada monsó. ¿A partir de quin límit, els diners deixaven de ser una necessitat per convertir-se en un verí social?

Mentre bevia els últims glops d'aquell deliciós Thumbs'Up, va sentir-se un crit esgarrifós.

De sobte, la Pooja, la seva mare i les dues dones que m'havien ofert la beguda i que feia estona que m'observaven, van canviar l'expressió i van sortir ràpidament de la cabana per tal d'esbrinar d'on venia aquella manifestació de dolor.

Unes quantes barraques més enllà, un home pegava cruelment una dona. Ella plorava sense parar i l'home, amb els ulls vermells de ràbia, seguia acarnissant-se amb la seva violència.

La Pooja va córrer cap a l'escena i va abraçar-se a una nena espantada que plorava al costat d'aquella dona. Uns quants homes es quedaven mirant, com si es tractés de les obres d'una claveguera, i les dones cridaven tot intentant protegir la víctima amb llurs veus.

El meu instint va ser d'anar cap allà, encara que, a mig camí, els braços forçuts d'un noi que també presenciava l'escena van aturar-me amb contundència.

Sense deixar de mirar aquell espectacle tan denigrant i mentre provava d'alliberar-me dels braços d'aquell veí, vaig poder deduir que la dona era del tot sorda, cosa que explicava que el seu plor fos encara més sonor.

L'home es va posar a córrer i la dona va quedar a terra amb el llavi ensangonat.

El noi va deixar-me lliure i se'm va apropar un vell amb barba llarga. Va explicar-me que l'home que havia fugit era el marit d'aquella dona que, efectivament, no hi sentia. Segons semblava, la cama de la dona estava gairebé gangrenada del tot i, com que era coixa, no podia treballar recollint escombraries. Com que no podia comptar amb l'esposa per a aquesta feina, el maltractador feia temps que duia els seus fills de 8 i 5 anys a recollir i a separar les escombraries als abocadors de la ciutat.

Vaig fixar-me en la menuda que continuava abraçada a la Pooja i vaig observar la seva mà, una massa deformada amb un sol dit que li penjava com un fil a punt de desenganxar-se. Els materials amb què es construeixen les barraques de Bombai, especialment la uralita i algun dels seus derivats, produeixen greus malformacions fetals, de manera que molts nens neixen amb discapacitats físiques sense remei.

La Pooja va agafar aquella nena de l'altra mà i se'm va apropar.

—És la Lakshmi —digué mentre somreia una altra vegada, tot ensenyant-me-la orgullosa—; és la meva millor amiga. Ara treballa recollint escombraries perquè la seva mare té la cama malament i no pot treballar. El seu germà petit també treballa, i així poden comprar menjar.

La mare de la Pooja va fer-me un gest per demanar-me que m'apropés, i vaig fer-ho immediatament, mentre la Pooja m'agafava la mà esquerra i la Lakshmi se m'abraçava a la cintura i intentava tornar a somriure mentre s'eixugava les llàgrimes.

Vaig apropar-me al grup de dones que em parlaven a la vegada molt exaltades. Vaig imaginar-me que totes intentaven explicar-me de la manera que podien la història d'aquella dona, a qui ja havien netejat la sang del rostre i que seguia sanglotant amb la mirada fixa a terra.

Totes m'ensenyaven la cama de la dona, que estava coberta amb un bonic sari granatós. No m'ho vaig pensar dues vegades. Vaig ajupir-me i vaig descobrir la cama, apartant la roba tant respectuosament com vaig poder.

Unes quantes mosques feien niu en aquelles ferides enormes que ocupaven tota la cama i arribaven fins a la cuixa. Era una úlcera viva, supurant, amb zones blanquinoses de pus estancat. Desprenia una pudor insuportable i realment era una visió molt desagradable, sobretot si hom pensava en el dolor físic que li devia provocar, amb l'afegit, naturalment, de l'intens dolor moral per tot el que el lamentable estat de la cama suposava per a la família.

Les dones es posaven els saris al nas i no podien reprimir l'expressió de fàstic. Vaig preguntar-me si jo també devia estar fent la mateixa cara i vaig esforçar-me per somriure-li i mirar-la amb amor, bo i actuant com si a la cama només s'hi pogués apreciar la bellesa que, molt probablement, tenia l'ànima d'aquella bona dona.

Els que feien la rotllana continuaven parlant-me en veu molt alta, i alguns dels homes també van començar a participar a la conversa. Els nens jugaven amb una rata morta i un d'ells estava ajupit, defecant allà mateix, mentre es posava a la boca alguna de les deixalles que eren a terra.

Una pressió molt forta al pit va apoderar-se de mi, va pujar-me fins a ofegar-me la gola i va transformar-se en un fil de veu que articulava paraules sense pensar.

Em sentia insultat, ofès, enganyat per un món que m'havia fet creure que tot eren passeigs en moto i catalanes somrients. Si tot passava al mateix escenari, ¿per què fins aquell moment ningú no m'havia obert el teló? ¿Quina havia de ser la meva actitud mentre era allà? ¿Unir-me als somriures innocents i ignorants d'aquells nens o al plor desesperat de llurs mares?

Semblava que em trobés en aquells malsons on hi apareixen rostres que se t'apropen i s'allunyen, tot distorsionant-se en una visió boirosa, mentre les veus es barregen entre elles, pujant i baixant de volum amb la irregularitat i l'eco buit d'un micròfon espatllat.

Una suor freda i tallant em queia front avall. No sabia què fer ni què dir. Vaig restar immòbil, observant aquella escena i esperant despertar-me en qualsevol moment.

Però allò era ben real. Jo era allà i el panorama desolador que presenciava era una cosa habitual per tota la ciutat, una realitat que seguia ancorada en un destí inalterable.

Aquell vespre no vaig poder sopar. Ni esmorzar l'endemà, ni ingerir res durant els dos dies que van seguir el meu primer contacte amb els *slums* de Bombai. Van ser moltes hores sense poder menjar. Al començament vaig atribuir la manca de gana al fàstic que va produir-me la visió d'aquella cama supurant, però a poc a poc vaig anar-me adonant que no em feia gens d'angúnia pensar en la carn podrida d'aquella dona bondadosa. El que realment em posava malalt era pensar en tanta injustícia atroç.

Estava psicosomatitzant el meu refús a una situació que em semblava inaudita en ple segle XXI i de la qual, sense saber gaire bé per què, en part me'n sentia responsable. Amb aquella nàusea que va durar dies, probablement intentava desprendre'm d'unes idees que no tenien cabuda al meu interior. Però la meva ànima, per més que intentava distreure-la, era incapaç de desfer-se'n.

On eren els somriures? ¿On eren els nens pobres que eren tan feliços tot i no tenir res? ¿On era la terra càlida i hospitalària que transpirava pau per cadascun dels seus porus? ¿On era la satisfacció i l'equilibri en aquells plors desesperats? On quedava la meditació i la transcendència?

Vaig comprovar que aquells nens eren alegres, però no feliços. El sensat per viure és l'alegria. La felicitat només és possible si tens la llibertat d'escollir entre diverses opcions. I ells no la tenien.

Vaig imaginar-me en aquesta mateixa situació els meus pares, la meva àvia, els meus amics i, de cop, una llosa va caure'm al damunt, tot esclafant-me l'ànima contra el terra putrefacte. A Bombai vaig començar a veure qualsevol persona com el que realment és: una extensió de nosaltres mateixos. Perquè nosaltres som, a la vegada, extensions d'ells, i tots plegats formem part del mateix univers.

Hem d'apreciar cada ésser humà com si fos el nostre fill, el nostre pare, el nostre germà. Només així escoltarem en cada veu i veurem en cada mirada una intensa crida al nostre amor.

5
Kavita

> Has de saber que fins i tot quan contemples un arbre i dius d'ell que és un roure o un banià, aquesta paraula, pel fet de formar part dels coneixements de botànica, ha condicionat la teva ment de manera que s'interposa entre la teva visió de l'arbre i tu. Per tal d'entrar en contacte amb l'arbre, hem de posar-hi la mà. La paraula no ens ajudarà a palpar-lo.
>
> KRISHNAMURTI

El taxi avançava per la Marine Drive cap a Bombai amb una lentitud poc habitual. Al fons, els turons de Malabar s'imposaven sobre la mar d'Aràbia i mostraven orgullosos els seus edificis opulents, habitats per milers de parsis i pels més rics de la ciutat.

Els parsis són una de les comunitats ètnico-religioses més poderoses de Bombai. Tot i que el nombre d'adeptes d'aquesta religió s'ha reduït en els darrers anys per causa del seu exclusivisme en el terreny matrimonial, segueixen tenint molt de pes i molt bona fama a la capital de Maharashtra. Són descendents dels perses zoroàstrics que van emigrar a l'Índia per primera vegada fa més de tretze segles, quan fugien dels musulmans. Van establir-se a Bombai entre els segles XVII i XVIII, i allà van aposentar-se, tot ocupant les esferes més altes de la ciutat. Hom calcula que actualment viuen gairebé 70.000 parsis en aquesta ciutat, la majoria en colònies situades als voltants dels seus temples, d'accés restringit a les persones que professen la seva religió.

Aquell matí m'havia proposat de saber més coses dels parsis, de manera que vaig decidir dedicar la meitat del dia a visitar els seus indrets habituals.

Tot i que, de tant en tant, l'atzar em regalava imatges molt boniques d'aquella ciutat, no podia treure'm del cap la Pooja i els seus amics del *slum*. A poc a poc, el meu subconscient desgranava nous sentiments, sensacions que venien de lluny i, al mateix temps, de molt a prop, emocions noves que el meu cor acollia amb la set d'un nàufrag moribund.

Tot ho associava amb la tarda anterior: un gest, una mirada, un color... Quan la mainada em feia l'ullet, veia que a les voravies hi havia els ulls vius de la Pooja, i en cada rostre seriós hi albirava el dolor d'aquella dona amb la cama gangrenada. Per més que intentés centrar el cap en altres pensaments, l'ànima continuava allà.

—Ja hi som: les Torres del Silenci.

Sentia una enorme curiositat per aquest punt geogràfic del mapa de Bombai. Les Torres del Silenci són uns pilars on els parsis, bo i seguint el protocol dels seus ritus funeraris, deixen els seus morts per tal que puguin ser devorats pels corbs i els voltors de la ciutat. Aquesta comunitat considera que el foc, la terra i l'aigua són sagrats. Per tant, per no contaminar-los, ni incineren, ni enterren, ni llencen al riu els seus parents quan deixen aquest món per un altre de millor.

Les Torres del Silenci no es troben lliures de polèmica. La cada vegada major escassedat de voltors a la ciutat ha fet que alguns cossos quedin uns quants dies en estat de descomposició sense ser trossejats. Ni els plafons solars ni els mètodes químics que les comunitats parsis han començat a fer servir no han pogut silenciar les veus d'alguns veïns de la zona, que en repetides ocasions han denunciat la pudor intensa.

—Vinc a veure les Torres del Silenci, sóc estranger —vaig dir, innocent.

Els vigilants van posar-se ferms i van explicar-me que l'entrada a aquell recinte que, per sorpresa meva, s'assemblava a l'entrada del preciós jardí d'un palau, només era permesa als parsis.

Per un moment vaig sentir-me defraudat. Des del començament del viatge desitjava veure aquelles torres i ara m'impedien d'entrar-hi. Immediatament vaig entendre que el meu primer deure era respectar la intimitat que desitjava aquella comunitat. Fins i tot va semblar-me horrorós que una colla de cossos en descomposició amuntegats poguessin cridar-me l'atenció.

Vaig tornar cap a Colaba i els meus pensaments continuaven allà, a Dharavi. Quan tancava els ulls, la ment em viatjava fins a l'altra banda de la ciutat, allà on els *slums* —oceans grisos de misèria polsegosa— conformaven un aquari trist de futurs opacs i de conformitat ignorant. A mesura que coneixia més indis i que indagava més sobre la situació dels milions de famílies que vivien a les zones de barraques de la ciutat, més necessitat sentia de no quedar-me impassible i d'augmentar els meus coneixements. Per exemple, va esgarrifar-me descobrir que, fins i tot per viure en una barraca, han de pagar un «lloguer» hipotètic a una màfia que els extorsiona.

Vaig aprofitar el trajecte fins a l'hotel per llegir un interessant article sobre les zones de *slums* signat per Mukesh

Mehta, president d'una important companyia de consultors indis i autor d'un conegut pla, molt discutit, per a una solució viable a la possible construcció d'habitatges dignes a l'àrea de barraques de Dhavari. Metha donava apunts i xifres que confirmaven la misèria que alguns ja m'havien comentat abans i que, en la majoria dels casos, havia considerat exageracions. Potser buscava un consol en pensar que aquella realitat havia estat distorsionada per ser més cruel del que era en realitat.

Els *slums* de Bombai acullen —si «acollir» és el verb més indicat— 1,2 milions de famílies, una població total superior als set milions de persones i una superfície de 3.500 hectàrees on sobreviuen diàriament en unes condicions totalment insanes. Els ingressos d'aquestes famílies (entenent que una família mitjana de Bombai està formada, pel cap baix, per set persones) amb prou feines arriba a 30 euros al mes.

El nombre de persones que viuen en *slums* ha experimentat un augment brutal els darrers anys, en gran part degut a l'increment del nombre de famílies que emigren des de les zones rurals de l'Índia i van cap a Bombai per tal de complir els seus somnis de trobar una vida millor.

L'any 1976 —el mateix que vaig néixer, curiosament— va crear-se el Slum Improvement Programme (SIP) per tal de dotar de banys comunitaris i d'alguna altra facilitat les extensíssimes zones de barraques. Però allò va limitar-se a pal·liar l'hemorràgia sense curar la ferida.

A meitats de la dècada de 1990, el govern de Maharashtra va fundar la Slum Rehabilitation Authority (SRA), la fiabilitat i l'ètica operativa de la qual tenia més ombres que no pas llums, segons llegia aquells dies a la premsa local. Dit en poques paraules, mitjançant la SRA, el govern pacta amb les constructores la cessió de terrenys actualment poblats per *slums*. A canvi, les constructores han de comprometre's que alguns dels edificis dels plans traçats sobre aquests mateixos terrenys allotgin les famílies de *slums* afectades per l'enderroc de la zona de barraques. Això no obstant, aviat van començar-se a descobrir pagaments secrets dels constructors a oficials de la SRA per tal de canviar alguns dels compromisos als documents signats.

Durant el matí vaig intentar d'evadir-me d'aquests temes per centrar-me en els atractius turístics. Però, per més esforços que feia per tal de desviar la meva atenció cap a d'altres aspectes i imatges per a la memòria que em brindava aquell viatge a l'altra banda del món, els meus pensaments sempre tornaven a Dharavi, a Matunga, a Dadar. A aquests llocs on, de vegades, em somreien i, de vegades, em miraven malament, però cap als quals em sentia atret d'una manera visceral, brutal, aliena a qualsevol explicació o raó. No hi havia dubte que els *slums* de Bombai m'exercien un poderós magnetisme. La pols m'entrava contínuament als narius —la millor ciutat per a un asmàtic!— i, amb ella se'm dibuixaven al cap els contorns desiguals dels habitacles d'uralita on vivia més de mig Bombai.

Em quedaven pocs dies per tornar cap a Catalunya i no tenia la més petita idea de com encabiria aquells pensaments al meu equipatge, com cabrien al meu retorn a la quotidianitat.

Volia tornar a la meva rutina? ¿Per què m'entristia d'una manera tan peculiar i intensa el fet que aquell viatge arribés a la seva fi?

Per a mi, sempre ha estat un motiu de reflexió el fet que, generalment, quan s'acaben unes vacances, tothom es mostra disgustat, amb una gran reticència a tornar a la seva feina i a la seva vida habitual. Tenint en compte que la professió i la rutina constitueixen un elevat percentatge de les seves vides... ¿voleu dir que no ens trobem davant d'una resistència a tornar a la pròpia vida?

En viatjar, hom s'allunya de la rutina, i no només en l'aspecte geogràfic, de manera que es poden veure amb major nitidesa tots els pigments que componen la vida quotidiana. És igual com quan mirem una pel·lícula de terror, i ens estranya que el protagonista no s'adoni que té just al darrere el monstre que el persegueix, al llindar de la mateixa porta per on treu el cap. No hi para atenció, senzillament perquè és a la pel·lícula, es troba immers en aquella situació. A nosaltres ens passa exactament el mateix. Hem d'aprendre a veure la nostra vida des de fora, com una pantalla de cinema. Només d'aquesta manera podrem decidir amb més saviesa i veure-hi amb més claredat.

Durant dies vaig insistir perquè algú em dugués a zones de *slums*, a les més recòndites, les més perdudes enmig d'aquell desert de sorra d'àcars que és Bombai. A la meva darrera setmana a Bombai, l'Ajay, un treballador de l'hostal on m'allotjava, va portar-me fins a Borivali, al nord de la ciutat.

—Pari aquí —vaig dir-li impulsivament quan ja havíem recorregut un parell de minuts amb la seva furgoneta Maruti Omni per aquella zona de *slums*. Alguna cosa em deia que havia de baixar allà i caminar pels carrerons de cartrons i plàstics d'aquella zona.

De seguida van començar a córrer cap a nosaltres dotzenes de nens, els uns gairebé despullats, els altres vestits amb parracs ronyosos. Tots tenien marques de sarna als braços prims.

Aleshores vaig descobrir una barraca situada al final del carreró que era una mica diferent de les altres. Era de plàstics blaus i estava envoltada d'escombraries acumulades durant molt de temps, si havia de jutjar-ho pel volum de les deixalles.

A mesura que m'hi apropava, l'oïda sentia, cada vegada d'una manera més viva, els sanglots ofegats d'una dona jove, agenollada, que duia un sari blanc impecable amb les vores platejades, i que contrastava exageradament amb la brutícia de l'entorn.

—Kavita, Kavita... —repetia mentre es balancejava cap endavant i cap enrere de manera compulsiva.

Els meus ulls no acreditaven el que veien. Al davant de la dona, posada a terra, al damunt de les escombraries, hi havia una criatura que no devia tenir més d'un mes de vida. Minúscula, immòbil. Per un moment, vaig dubtar si era realment una criatura o bé si es tractava d'una d'aquestes nines de plàstic arrugat que imiten la pell rosada d'un nadó. Aquest bebè era d'un color tornassol, marró, segons com, gairebé morat.

—Kavita, Kavita... —seguia dient, fins i tot després d'adonar-se de la meva presència, tot mirant-me amargament i assenyalant la criatura.

Vaig observar estranyat totes les persones que ara ens envoltaven; buscava les respostes a les preguntes que m'envaïen la ment als seus rostres i expressions.

Instintivament, vaig agafar el nadó, una nena, per tal de comprovar què passava. En aquest moment, una angoixa indescriptible va apoderar-se de mi: el bebè no estava ni malalt ni adormit. Aquella nena que amb prou feines tenia un mes i que ara agafava amb els meus braços, era morta.

—El seu pare l'ha ofegada —va comentar-me l'Ajay, que havia vingut al meu darrere, sobresaltat—; si la Kavita hagués continuat vivint, la família hauria hagut de pagar una dot.

Ni tan sols no m'impressionava tenir el cos d'aquella criatura als braços. No vaig poder reaccionar. Vaig quedar-me atònit mentre observava aquells rostres que contemplaven l'escena com si fos el més habitual del món.

L'odi és dolent. Fins i tot, en paraules de Gandhi, si estimar ens porta a odiar a d'altres persones, aleshores és millor no estimar. Amb tot, en aquell moment vaig sentir un odi profund. Odi envers el pare que havia assassinat la seva filla, la Kavita, crivellant així el futur d'aquella noia de dol i del cadàver que jo tenia als braços. Odi envers aquella situació i la meva absoluta impotència per impedir aquests fets. Odi envers aquelles persones que m'observaven i que possiblement havien presenciat la mort de la menuda com si es tractés d'una cosa normal.

Vaig deixar el cos de la Kavita al damunt dels cartrons on l'havia trobat, vaig tocar els peus de la seva mare en una mostra de respecte que va sorgir-me instintivament, i vaig agafar-me amb força a la creença hindú durant uns moments. Si existia la reencarnació, ara la Kavita devia ser al cos d'un ocell lliure d'alta volada o al d'una bonica papallona de color porpra, el mateix color del cel enigmàtic que observava aquella escena des del seu silenci crepuscular, potser amb la mateixa impotència que jo sentia en aquells instants.

6

Priyanka

> Mirar, escoltar, és un gran art [...]
> En mirar, en escoltar, aprenem infinitament
> més coses que no pas llegint llibres.
> Els llibres són necessaris, però observar i escoltar
> aguditza els sentits.
>
> KRISHNAMURTI

Començava el compte enrere per a la fi del viatge. Em quedaven pocs dies en aquesta gran urbs de ritme boig. Només esperava que el retorn a la meva ciutat, com la mar que desdibuixa missatges d'amor escrits a la vora, esborrés en un instant les marques d'un sentiment que semblava etern.

Encara havia de veure una cosa molt important, un indret sobre el qual n'havia llegit molts articles i vist molts documentals, un lloc que, sens dubte, volia conèixer abans de tornar a Catalunya.

—Cap a Kamathipura —vaig dir-li al conductor.

El taxi va frenar en sec, i això va provocar un gran grinyol que fins i tot va aconseguir superar els decibels del sonor ritme de Bombai.

—Jo no vaig cap a aquesta zona. Si vol, vagi-hi vostè, però no pas amb el meu taxi —va sentenciar sense opció de rèplica.

Vaig baixar del cotxe sense immutar-me. Aquella reacció no alteraria el meu propòsit d'apropar-m'hi. Si hagués calgut, hi hauria anat en elefant, però aquella nit no em ficaria al llit sense haver vist abans el barri de Kamathipura.

Vaig agafar un tren fins a Grant Road i, un cop allà, vaig perdre'm de manera intencionada. Vaig passar per diferents zones, unes de més lluminoses i unes altres que no ho eren tant, unes de molt concorregudes i unes altres amb l'única companyia d'algun vell escanyolit que dormia sobre un llit de cartró.

Finalment, després d'haver caminat sense rumb, vaig arribar a Kamathipura. Vaig identificar ràpidament el carrer: era fosc, amb bombetes vermelles en algunes portes que van fer-me entendre el motiu del seu sobrenom: «Districte dels llums vermells».

M'havien advertit seriosament dels perills de moure'm per aquell barri, però vaig ignorar els consells i vaig aventurar-me a fer la bogeria de perdre'm pels seus carrers empedrats sense cap altra companyia que la curiositat.

Kamathipura es considera el barri de prostitució més gran d'Àsia, encara que sovint s'atribueix equivocadament aquest deshonrós honor a Tailàndia. Moltes de les prostitutes que treballen en ple centre de Bombai són nenes d'entre 7 i 18 anys que han estat venudes per les seves famílies o bé raptades en algun país fronterer amb l'Índia, com ara Bangla Desh o el Nepal. Deixeu-me afegir que aquest és un agreujant que comparteixen altres macroprostíbuls del món.

Els britànics van crear aquesta zona, iniciant-la com una «àrea de descans» per a les seves tropes. Però quan van marxar de l'Índia, els treballadors sexuals ja estaven més que aposentats en aquest indret.

La zona de Kamathipura va ser, a més, l'escenari del documental d'Andrew Levine *El dia que el meu Déu va morir*, que havia vist uns mesos abans en una projecció a Barcelona, i que m'havia causat un grandíssim impacte: per la seva precisió periodística, la seva qualitat fotogràfica extrema i, per descomptat, per la cruesa de la realitat que exposa. Aleshores vaig recordar que a Kamathipura era, també, el lloc on Maiti Nepal, l'organització que havia conegut al meu viatge a Katmandú l'any abans, rescatava les nenes que havien estat raptades o venudes per les seves famílies.

Centenars de noies eren dempeus a les portes estretes de les casetes de fang de dos o tres pisos i amb finestres tapades amb cortines esparracades.

Vaig intentar endevinar quin carrer pertanyia a les noies, quin al nois, i quin als transsexuals. Segons sembla, cada zona de Kamathipura tenia el seu mercat i la seva clientela. M'havien explicat que, amb el seu servei, per una petita quantitat addicional, moltes prostitutes oferien els seus fills i filles.

Realment, els rostres d'alguns dels homes que hi havia, molt probablement els proxenetes de les treballadores sexuals, eren qualsevol cosa menys amables. Vaig sentir el perill del qual m'havien parlat i, a estones, em sentia seguit. Tot i això, no vaig sentir por, aquella sensació que no hauria de formar part del vocabulari de la vida.

Aquest impuls conegut que m'havia acompanyat en molts moments del viatge, lluny de qualsevol lògica i explicació, va fer-me veure una porta amb les cortines mig obertes i dirigir-m'hi amb pas decidit. L'interior era fosc; l'única llum era la d'una bombeta vermella a les escales que portaven fins al pis de dalt. No m'ho vaig pensar dues vegades. Vaig enretirar les cortines i vaig pujar. En el pitjor dels casos, si algú m'aturava, sempre podia dir que era un client que anava a buscar alguna noia en concret, o qualsevol excusa semblant.

L'escala, enclavada en aquell passadís que no devia fer més de setanta centímetres d'ample, era del tot desigual i la fusta cruixia queixosa, de manera que, si dalt hi havia algú, ja hauria advertit la meva presència. Els mateixos esglaons que haurien trepitjat durant anys prostitutes, proxenetes, clients i gent de mala pasta, acabaven al primer pis, il·luminat amb una altra bombeta del mateix color. Al replà, una única porta, també coberta per unes cortines estampades amb dibuixos de paons, menaven fins a l'indret d'on sortien els sons, que cada vegada es feien més entenedors.

Eren els gemecs de plaer d'un home, i indicaven clarament que es trobava en plena gesta de la seva transacció comercial, que només una de les parts signava amb llibertat.

En lloc de baixar les escales, vaig apartar suaument les cortines que s'obrien al davant meu, i això va descobrir-me una nova nina de la inacabable matrioixka en què s'estava convertint aquell viatge.

El rebedor era petit; amb prou feines hi cabria un llit individual. Les seves quatre parets estaven cobertes amb fotografies de noies despullades. Al darrera d'una porta petita que quedava a l'esquerra, intuïa una altra saleta, ara tancada amb unes cortines del mateix estampat, insuficients per apagar el soroll que sortia de l'estança.

Vaig quedar-me observant els cartells i la paret plena d'humitats, visibles fins i tot amb aquella llum tan escarransida. Quan vaig mirar el terra, vaig veure-hi aquell ésser a la gatzoneta, menut, observant-me amb els ulls oberts com dues taronges. Aquell nen, que no devia tenir més de dos anys, em mirava atònit mentre es posava alguna cosa a la boca. Estava esbalaït, més sorprès per la meva presència que no pas per aquells crits sonors, que provenien del client de qui, segurament, devia ser sa mare. Vaig somriure-li i ell va continuar sense immutar-se. Només va apartar-se una mica la mà dels llavis per tal que pogués veure què tenia a la boca: era un preservatiu usat.

Vaig voler retrocedir, però els meus peus van entrebancar-se amb una cassola. El soroll de l'habitació contigua va aturar-se en sec i les cortines van moure's.

—Priyanka? —va preguntar una veu de dona.

Vaig baixar ràpidament les escales sense mirar enrere, mentre seguia escoltant la veu de la noia cada cop més lluny.

—Priyanka? Priyanka?

Quan vaig tornar al carrer vaig perdre'm entre la multitud tot buscant desesperat la sortida d'aquell lloc.

«L'infern a la terra». Així descrivia Kamathipura un periodista anglès en un dels seus articles.

Mentre el ritme del cor em tornava a la normalitat i la respiració era cada vegada més equilibrada gràcies a l'inhalador de salbutamol, va venir-me al cap una frase que havia sentit durant una de les meves sessions de raja ioga a Barcelona: «Fes que el teu cor sigui com la llum; només així aconseguiràs que un punyal no el marqui quan el fereixi. Si fas una marca en una pedra, aquest senyal sempre s'hi quedarà; si la fas en una bola de llum, el ganivet amb què la facis, travessarà la bola sense marcar-la enlloc».

Al davant de la imatge d'aquella criatura menjant el preservatiu usat, em suposava un esforç enorme tenir un cor sense marques.

7
Noor

Tindrà alguna importància, que jo canviï? [...]
Aquesta pregunta és incorrecta, perquè tu ets
la resta de la humanitat.

KRISHNAMURTI

La mesquita d'Aji Ali va semblar-me un dels paisatges més bonics de Bombai. Aquest temple musulmà construït a començaments del segle XVIII conté la tomba de Hazrat Haji Ali, un sant sufí. Expliquen que Haji Ali era un home de negocis molt ric que, després de visitar la Meca, va decidir abandonar el materialisme i lliurar-se a la meditació. Els seus minarets, que sobresurten del temple al mig de la mar, són d'una gran bellesa, especialment a l'horabaixa, quan el sol s'amaga i s'encenen els primers llums dels edificis de la ciutat.

Malgrat l'esplendor de l'edifici, el recorregut pel passatge de pedra sobre la mar que cal creuar per tal d'arribar a la mesquita no és pas gaire agradable. Dotzenes de persones amb les extremitats amputades demanen caritat al visitant, mentre clamen pietat al seu déu Al·là. I, en aquell entorn esgarrifós, una nena bonica i viva, m'observava fixament. Seia a terra. Duia un vestit de color bordeus amb ribets de randa que, en algun moment, va ser blanca; per un instant, va recordar-me la Pooja. Però era més gran, el rostre indicava més maduresa i la mirada no era tan innocent.

—Com et dius? —vaig preguntar-li.

—Noor —va respondre'm amb veu nítida.

—Noor! Quin nom més maco! Significa llum, oi?

—Sí —va dir-me, eixerida, sabent-se posseïdora d'un nom preuat.

—Quants anys tens?

—Deu.

—I no vas a l'escola? —vaig preguntar-li estúpidament, bo i sabent la resposta que obtindria.

—No, la meva mare treballa aquí i jo m'estic amb ella. Demanem diners als turistes.

—I t'agradaria anar a l'escola?

—Sí, però no puc. Estic aquí ajudant la meva mare, no puc anar a l'escola. Ella ja m'ensenya coses —va respondre'm mentre mirava l'horitzó i donava el tema de conversa per tancat.

—Noor, t'agraden els gelats?

La Noor va tombar el cap de seguida i va assentir d'esquerra a dreta, en el més pur estil indi. La seva expressió va tornar-se més infantil i alegre, i els seus ulls, negres i penetrants, irradiaven la il·lusió que la paraula màgica «gelat» havia provocat en el seu estat anímic.

—Vine, Noor, acompanya'm fins aquella botiga d'allà per comprar un parell de gelats.

En aquell moment, la Noor, que em mirava fixament i sense deixar de somriure, va arremangar-se la faldilla i va descobrir dos monyons que fins aleshores havien estat amagats sota la roba. Algú li havia amputat les cames fins a l'alçada de les cuixes per tal que fes llàstima a l'hora de demanar almoina, un costum força escampat per l'Índia que pateixen els més menuts, els més indefensos.

Vaig anar a buscar el gelat mentre m'eixugava les llàgrimes com podia i vam passar aquella tarda plegats, al mig de la mar d'Aràbia i d'aquella injustícia que va ultrapassar-me del tot.

Igual com qualsevol escenari té els seus focus i qualsevol carrer té els seus fanals, la Noor, amb la llum del seu nom i de la seva mirada, va il·luminar el camí que, sense adonar-me'n, estava a punt d'agafar.

Les escenes aberrants que veia cada dia en aquella ciutat no em deixaven pas indiferent, però ¿que potser podia ferhi alguna cosa? Tanta misèria en un mateix lloc. ¿On era el camí cap a la solució?

Els dies passaven entre les botzines dels cotxes i els somriures dels nens, entre la contaminació i els paisatges bellíssims. I la meva ment, la meva ànima i el meu cor, sempre allà, als *slums*, a Kamathipura, als ulls espantats de la Pooja, als cos sense vida de Kavita i a les cames segades de la Noor.

Mentre passejava per Colaba vaig començar a traçar mentalment el pla per al meu darrer dia a la ciutat. Aniria passejant per Fort i compraria alguns records per a la família. Després menjaria al Leopold's i tornaria a l'hotel per acabar la tarda contemplant la posta de sol a Chowpatty i endrapant un deliciós *bhelpuri*.

Quan vaig tornar cap a l'hotel, prop de Henry Road, vaig observar una altra vegada aquells nens que es concentraven a les cantonades, bruts i amb les grenyes infectes, atapeïts de polls. ¿Com era possible que aquella visió m'entristís i, en canvi, no em produís cap altra reacció? ¿O l'estava produint?

Com més m'endinsava als escrits que aquells dies vaig empassar-me durant els trajectes en taxi i *rickshaw*, més m'alarmava la situació de la pobresa a escala mundial.

Més de mil milions de persones viuen amb un dòlar al dia per a tota la família; més de tres mil milions ho fan amb dos dòlars. Dos mil milions de persones no tenen atenció mèdica i 20.000 persones moren cada dia a tot el món per causa de la pobresa. Dos terços de la població que s'ho manega per viure en condicions de misèria extrema té menys de 15 anys, i el 70 % del total són dones i nens.

Al món, el mateix que qualifiquem de desenvolupat i avançat, 866 milions de persones són totalment analfabetes, dos mil milions no tenen electricitat i el 80 % de la població mundial no té accés a les formes més bàsiques de telecomunicacions. Com a exemple del mal anomenat «repartiment equitatiu» del planeta Terra, només cal observar situacions com la que es produeix a Manhattan, on hi ha més línies de telèfon que a tota l'Àfrica subsahariana.

No vaig arribar a l'hotel. Vaig fer mitja volta mogut per un sentiment indescriptible i vaig entrar al primer cibercafè que vaig trobar. Allà vaig començar a indagar a Internet sobre l'existència d'orfenats a Bombai.

—El meu deure és interessar-m'hi —vaig pensar—; potser pugui visitar alguns d'aquests centres i escriure un reportatge per vendre'l a alguna publicació; segur que això ja serviria força.

Vaig posar-me en contacte amb Vinay Somani, responsable de Karmayog, una xarxa d'entitats locals que treballen en diferents àmbits. En Vinay va rebre'm aquell mateix dia al seu despatx de Flora Fountain.

—Només et queda un dia a Bombai? —va preguntar-me amb una expressió que em produïa una confiança absoluta—. És un temps una mica just. Ja deus haver comprovat que, aquí, les distàncies són enormes, i no sé si tindràs temps de visitar cap orfenat. Molts són als afores de la ciutat. No ho sé...

—Si us plau, hi insisteixo. M'interessaria molt visitar algun orfenat, o algun centre. Li ho prego, senyor Somani, faci tot el possible per tal que pugui veure'l.

Vaig alçar-me de la còmoda butaca amb orelles disposat a abandonar el despatx sense gaires esperances que en Somani em cridés en les hores següents per anar a visitar algun centre.

—Espera't, sí que hi ha un centre on potser podries anar —va sentenciar mentre agafava el telèfon i començava a marcar un número.

—Atul? Com estàs?... Sí... És clar... Sí, per descomptat... Sí... Ja ho sé... Mira, aquí al davant hi tinc un xicot català; és periodista. Demà serà el seu darrer dia a Bombai i a l'Índia, i m'ha demanat si podria visitar algun orfenat. Potser podria escriure alguna cosa. ¿Què et sembla si te l'envio demà? Serà una mica just, perquè marxa al vespre... Sí? Amb tu? Sí? Fantàstic! Perfecte, ara li ho dic.

En Vinay Somani va penjar el telèfon i, mirant-me amb un somriure paternal, va informar-me que sí que podria visitar un orfenat. Era local, molt petit, i era als afores de la ciutat. Es tractava d'una caseta amb 40 nens i, pel que va dir-me, la seva situació econòmica no era precisament gaire afortunada.

—Com es diu, l'orfenat? —vaig preguntar curiós, sense poder reprimir la meva alegria.

—Kartika Home.

—Kartika Home... Què vol dir?

—En hindi significa «pietat», pietat en un sentit molt amorós, molt maternal.

—Quin nom més bonic. Kartika Home...

Finalment es complia un dels meus somnis. Veuria aquell orfenat i, aquella mateixa nit, tornaria a Barcelona. Potser des d'allà podria ajudar-los d'alguna manera, encara que temia que la rutina acabaria apartant-me l'atenció de la penosa realitat que havia conegut en els últims dies. Això no obstant, em sentia responsable del que presenciava, com a ésser humà i com a membre del mateix món on passaven aquelles calamitats.

8

Kartika Home

D'on he vingut? On m'has trobat? —li pregunta el nadó a la seva mare. Ella plora i riu a la vegada i, abraçant la criatura al pit, respon: Tu t'amagaves al meu cor [...], eres un desig.

Rabindranath Tagore

L'endemà a primera hora vaig anar a la Gate of India, tal com m'havien indicat. Vaig arribar abans de l'hora prevista a la meva cita amb l'Atul Sharma, l'encarregat de Kartika Home, de manera que vaig passejar-me per aquell epicentre turístic. El sol era càlid i em confortava la pell.

L'Atul va arribar puntual. Era més aviat robust i tenia aspecte de bon jan. Les seves ulleres de pasta transparent deixaven entreveure una mirada agradable.

—Ets en Jaume? —va preguntar-me, despistat.

—Sí, sóc jo.

Després de comentar superficialment alguns trets de Bombai i de la meva feina com a periodista, vàrem pujar al cotxe, conduït per un tal William, un jove amb mostatxo frondós i pell molt fosca. Plegats, vam creuar tota la ciutat de sud a nord: Worli, Mahim, Bandra, Santa Creu...

Semblava com si m'acomiadés de Bombai amb un darrer recorregut. La meva motxilla ja era al maleter del cotxe. Aquella mateixa nit agafaria l'avió cap a Barcelona, de manera que era la darrera vegada que contemplava aquells edificis.

Les quatre finestretes del cotxe estaven baixades. Vaig cloure els ulls i vaig deixar-me colpejar pel vent, tot intentant d'endevinar els records dels dies viscuts entre les olors que, de tant en tant, m'arribaven al nas. La pudor agre del barri de la Pooja, l'aroma de la mar que veia cada dia el reflex sense cames de la Noor i la fragància, encara fresca i dolçoia, del cos sense vida de la Kavita. Eren tantes les olors i tantes les sensacions... I eren tan crues i difícils d'esborrar...

Vam creuar Andheri i vam seguir avançant per aquella enorme autopista plena de pols i de tendes de campanya fetes amb plàstics on les famílies, a aquella hora, es rentaven. Em pensava que l'Atul s'havia adormit, però quan passàvem per Andheri-Kurla Road va dir-me:

—Aquí lloguen nens.

—No l'entenc...

—Sí, els seus pares o els familiars els lloguen als captaires. Si demanes caritat amb un nen, guanyaràs més diners. Els posen en filera a primera hora del matí per tal que, qui vulgui, pugui llogar-los per unes vint rupies al dia. D'aquesta manera, s'asseguren que podran aconseguir més diners demanant a les finestres dels vehicles aturats pel trànsit. Els nens no reconeixen el captaire que els ha llogat, de manera que es posen a plorar. Com més menut sigui i més tendència a plorar tingui, més llàstima farà i més benefici aportarà al pidolaire.

Com vaig poder, vaig dissimular l'esgarrifança que sentia i vaig mirar cap endavant, tractant d'assimilar el que acabava d'escoltar.

Quan creuàvem Bolivari i Malad, al nord de la ciutat, el paisatge va canviar. Els edificis de formigó gris van deixar pas a muntanyes que, tot i trobar-nos en època seca, uns mesos abans del monsó tenien unes boniques tonalitats verdes: llimona, ampolla, oliva... esperança.

Tot plegat era tan bonic! Va recordar-me els Pirineus, el paisatge preciós de les muntanyes de Catalunya que tantes vegades havia vist durant la meva infantesa. Entre aquells turons, a uns quaranta quilòmetres de distància d'on ens trobàvem en aquell moment, hi havia el poblet de Vasai al centre del qual hi havia l'orfenat de Kartika Home.

—Quin paisatge tan bonic, però que lluny queda, això, mare meva! —vaig exclamar.

L'Atul va començar a parlar-me de llocs de muntanya a poques hores de la ciutat. No parava de xerrar. I, de sobte, va envair-me una sensació estranya, però plaent. La meva oïda ja no podia estar atenta als seus comentaris. Només veia una boca sorda que articulava mots.

Durant un moment, els ulls se'm van enterbolir i no veien res. La ment va quedar-me en blanc, adormida. Era com si una llum enorme vingués de fora cap a mi. O potser anava de mi cap a fora. Va ser com si, per un moment, algú estigués posant la banda sonora a aquesta escena amb la música més bonica que hagueu escoltat mai.

—Acabem d'entrar en territori de Vasai; Kartika Home és aquí —digué l'Atul, en la primera frase que vaig ser capaç d'entendre després d'aquella experiència estranya.

De vegades, amb el pas del temps distorsionem els records tot tenyint-los de subjectivitat. Però jo recordo molt vivament aquella sensació —que alguns qualificarien d'experiència mística i, d'altres, d'al·lucinació causada pel cansament—, que va coincidir exactament amb la nostra entrada a Vasai.

Finalment, vam tombar per una de les sortides d'aquella autopista i vàrem anar a parar a un carrer polsegós, ple de camions, on s'hi veien garatges i magatzems plens de llauna amb muntanyes al fons. Pocs minuts més tard vam tornar a girar a l'esquerra i les portes d'aquella urbanització van obrir-se. Al costat de l'entrada principal, que devia tenir uns cinc metres d'ample, i d'una caseta de seguretat, un rètol rovellat donava la benvinguda al visitant: «Rashmi Park Complex, luxury bungalows».

—Benvingut a Kartika Home —digué l'Atul.

—Això ja és Kartika Home, l'orfenat? Però si és una urbanització...

—Tenim una caseta llogada aquí, i és on viuen els nens. És tranquil, una urbanització normal.

La idea va agradar-me. Els nens no estaven reclosos ni tancats, com en la imatge d'un orfenat que havia vist tantes vegades, sinó que eren el que més podia assemblar-se a una llar.

Normalitat, vaig apuntar a la meva minúscula llibreta, amb la intenció de destacar-ho a l'article que volia escriure.

L'orfenat estava una mica desmanegat. El rètol de fora, un petit quadrat de fusta, estava tort i lligat a unes reixes amb un cordill gastat: «Kartika Home Orphanage. Registered Organization».

Així que vaig creuar el pati petit per entrar a la casa, vaig sentir amor a primera vista. Aquells nens m'observaven atònits. Segur que algú els havia informat d'una visita aquell dia, i feia estona que miraven cap a la porta per veure qui entraria. Molts, vaig pensar, no devien haver vist mai ningú de raça blanca. I, efectivament, l'Atul va confirmar-m'ho més tard.

—Seieu, si us plau; no cal que us quedeu drets.

Els quaranta nens i nenes que eren a la saleta d'aquella casa van seure a terra, sense deixar d'observar el foraster que visitava la seva llar.

—Good morning.

—Good morning, uncle —responien ells amb l'esguard tímid i encuriosit ensems.

Vam jugar al *carom*, un joc que consisteix en diverses fitxes i un tauler amb forats a les cantonades; vam parlar, vam riure. Em preguntaven coses de Catalunya. A la paret hi havia un mapa vell i els vaig fer ubicar el meu país. ¡Assenyalaven els Estats Units! Realment, els mapes no eren el fort dels indis. Ho havia pogut comprovar molt bé en diferents moments del viatge.

—Ai, ai, ai... Aneu força malament de geografia! —els deia, de broma.

I ells responien rient, tapant-se instintivament la boca amb la mà, en actitud vergonyosa.

—No us tapeu! ¡Mireu quins somriures més bonics que teniu! —els deia, i encara em responien rient més.

Els més menuts, així que van agafar confiança, van començar a jugar i a llençar-se'm a l'esquena. Els més grans em feien mil preguntes, mentre m'observaven i assentien, apreciant cadascuna de les meves respostes amb una set de coneixements que va meravellar-me.

Van venir-me al cap la Pooja, la Noor i els galifardeus que havia conegut als carrers de Bombai durant el viatge, i vaig pensar que aquells que tenia ara al davant, possiblement es devien trobar igual o pitjor en la seva forma de vida anterior. Tots eren víctimes d'una societat que els havia condemnat a la presó de la pobresa i a la tortura de la injustícia, àngels d'un cel oblidat als quals ara tenia l'immens honor de conèixer.

—A quina escola van? —vaig preguntar-li a l'Atul, que ja semblava saturat amb el meu interrogatori insistent.

—Els donem algunes classes aquí, al garatge de la casa. No podem permetre'ns de portar-los a una escola de pagament. Ens agradaria, però no podem afrontar-ho. I l'escola pública d'aquesta zona sempre està tancada. És una barraca petita per a milions de nens de tot el barri.

Van començar a explicar-me els casos i com era abans la vida de molts dels menuts que hi havia en aquella sala. Els vaig demanar que, si us plau, m'ho expliquessin en veu baixa i discretament, per tal de no ferir la sensibilitat d'algun dels presents. No volia que aquells nens escoltessin com es parlava d'ells com si fossin atraccions de fira. Feia pocs minuts que els havia conegut i ja experimentava una necessitat descomunal de protegir-los.

Asseguda a les escales que duien al segon pis de la caseta, una noia amb un *kurta pijama* observava l'escena amb un somriure perenne.

—Qui és?

—Es diu Goopta. El seu pare la violava —va xiuxiuejar-me.

—Quina barbaritat!

—No només son pare. També ho feien els seus avis per part de pare i de mare, i els seus dos germans.

Vaig quedar-me sense paraules...

—La seva mare, per no seguir veient aquell panorama... —va continuar.

—Va portar-la aquí —vaig dir afirmativament, agraint que la història que m'explicava arribés al seu final.

—No, va vendre-la a un prostíbul de Kamathipura. Vam treure-la d'allà.

—I aquesta nena amb la samarreta verda?

—És l'Archana. L'estaven prostituint amb cinc anys. Els esquinçaments vaginals són indescriptibles.

—I aquell noi d'allà?

—Ell és en Raj. Era a l'estació de Churchgate. No se sap qui és son pare. La mare és alcohòlica. Quan era un nadó, li feia uns solcs al braç amb un ganivet. Una nit, quan tenia sis anys, en Raj va escapar-se. Va anar-se'n a viure a l'estació de Churchgate. Allà va començar a alternar amb bandes del carrer, a inhalar cola i a robar carteres.

Les històries que m'explicaven eren tan esgarrifoses, que va costar-me molt d'esforç mantenir-me amb aquell posat impertorbable que els volia mostrar per tal que ningú no se sentís ofès.

Aleshores vaig fixar-me en un nen somrient, amb un serrell molt graciós, tallat com si l'haguessin fet seguint la vora d'un pot.

—I aquell nen que somriu tant, qui és?

—És en Rohit. Va portar-lo el seu avi ahir. Els seus pares han mort i l'avi diu que ja és massa vell per fer-se'n càrrec. Va portar-nos-el fa un parell de dies perquè vol que el seu nét tingui el futur assegurat, amb un sostre per dormir.

—Se'l veu content.

—Bé...

—Què passa? —vaig estranyar-me.

—És epilèptic. Ha patit diversos episodis molt crítics en els últims mesos. No sabem què fer...

—No podeu portar-lo al metge? Bé que deu haver-hi algun tractament, oi?

—Sí, però ens costa cinc-centes rupies cada mes. I no les tenim; tenim una situació econòmica molt ofegada.

Cinc-centes rupies, vaig calcular, són deu euros...

—I què passa, si no podeu pagar el tractament en els propers mesos?

L'Atul va dirigir la mirada a terra sense dir res, amb una tristesa sincera.

—Estem en números vermells; amb prou feines podem pagar el menjar dels nens. Però, si us plau, no ho escriguis al teu article. Digues que necessitem ajuda, però no expliquis aquesta situació.

Quan vam sortir de la urbanització, vaig fixar-me en dos homes estranys que, asseguts a dins d'un cotxe, observaven aquell indret. Em miraven insistentment, amb cara de pocs amics.

—Qui són?

—No ho sabem del cert, però fa dies que ronden per aquí. Creiem que poden ser proxenetes d'algun bordell de Kamathipura. Estan esperant que l'orfenat tanqui per agafar alguns dels nostres nens i portar-los a treballar.

—I això, realment pot passar? —vaig preguntar allucinat. Semblava un thriller amb un final gens feliç.

—Sí, que pot passar —va sentenciar l'Atul—. Si us plau, escriu un article perquè algú ens ajudi.

Aleshores vaig entendre, i d'una manera molt clara, l'expressió «trencar-se el cor», perquè en aquell moment vaig sentir una força opressora que m'esquinçava el pit, com si em colpegessin el cor, com si, literalment, me l'estiguessin tallant. Els bocins van anar caient al camí de tornada a l'aeroport. Si algun dia torno —vaig pensar entre llàgrimes—, faré com al conte: trobaré aquest indret tot seguint el rastre de les «molles» de cor que ara vaig deixant.

El meu viatge s'havia acabat. Vaig arribar al Chhatrapati Shivaji, l'aeroport internacional de Bombai, i vaig agafar l'avió. Vaig fer-ho amb aquell dolor que m'oprimia tant el pit i amb aquella sensació que el meu cor ja no era un, sinó diversos trossos que ja no estaven dins meu, sinó a la carretera que ara em separava de la llar d'aquells nois.

Durant el vol, just al meu costat, una monja índia posava en ordre les arrugues dels seu hàbit mentre s'acomodava al seient. Després d'observar-me durant una bona estona, va preguntar-me si era germà d'algun ordre religiós.

—Germà, jo?

Vaig mirar de cua d'ull la meva pròpia imatge projectada a la finestreta de l'avió i vaig començar a estudiar-la amb la intenció d'esbrinar què és el que havia fet pensar a aquella bona dona que jo pertanyia a algun tipus de congregació.

El viatge no va ser fàcil. Desenes, centenars, milers de pensaments em corrien pel cap mentre observava el cel fosc a través de la finestreta. De tant en tant em tombava cap a l'altre costat i veia el rostre bondadós d'aquella monja que, amb el seu somriure, no sé per què, em reconfortava enormement. Com si, d'alguna manera, el destí, a través de l'expressió d'aquella dona bona, em digués que no m'equivocava, que aquelles idees boges que em venien al cap tenien el seny de l'ànima i que les decisions que podria prendre quan arribés a Barcelona, eren les encertades. Sabia que era així.

És curiós com el destí, en moments clau de la vida, pot enviar-te senyals per mitjà d'una trobada amb un rètol, d'escoltar per atzar un anunci a la ràdio o d'un rostre bondadós que assenteix. Vaig continuar el vol immers en uns textos de Tagore:

¿Què hi fa, que no entenguem el sentit exacte de la gran harmonia? ¿No és com un arc que polsa la corda i li arrenca, immediatament, totes les sonoritats?

És el llenguatge de la bellesa, és la carícia que ve del cor del món i que va directa al nostre cor.

Aleshores vaig recordar la frase que li havia sentit a dir tantes vegades a la meva àvia Marta: «fes-ho, si t'ho diu el cor». En aquella ocasió, el cor em deia moltes coses, i em costava d'entendre-les. Però mai no m'havia parlat amb tanta força.

9
La paret blanca

Aguanta, encara que estiguis sol i que tots estiguin en contra teu. Mira'ls directament als ulls, encara que estiguin congestionats de sang. No tinguis por. Tingues confiança en aquesta petita veu del cor que et demana estar disposat a abandonar-ho tot i a tots. Estigues disposat a morir per donar testimoni del que proporciona sentit a la teva vida.

GANDHI

El primer que vaig fer en arribar a Barcelona va ser posar-me en contacte amb dues ONG. Els vaig proposar una cita i les dues van acceptar de bon grat. Quan els vaig haver exposat la situació de l'orfenat i els vaig demanar que se'n fessin càrrec, van començar els problemes.

Unes entitats em comentaven que s'escapava del seu àmbit geogràfic; d'altres em demanaven que elaborés un projecte per tal de poder estudiar-lo per a les campanyes de l'any següent, i unes altres, directament i mentre em desitjaven sort, em deien que no.

Allò no estava resultant tan senzill com em pensava. No podia aconseguir ajuda per a aquells nens amb tanta urgència. Tot i que sabia de bell antuvi que no seria gens senzill, les primeres negatives van afectar-me. A més a més, comptava amb un obstacle afegit: el temps. Com més dies passessin, més perillosa seria la situació de l'orfenat i dels nens. No podíem esperar més. Era una situació de vida o mort.

Hi ha indrets a la teva vida que t'arriben a l'ànima i que en formen part per sempre més. Potser només hi hem estat una vegada, però aquests escenaris han estat testimoni de converses que van marcar-nos la vida, de decisions transcendentals, de moments que es graven per sempre més als racons més inexplorables de la nostra memòria. Un banc en un parc remot, un fanal a la cruïlla de dos carrers, una petita plaça, l'esglaó d'un portal. Són llocs de l'ànima, espais que fotografiem mentalment i anímica per a la posteritat.

Quan veia poques possibilitats que algú pogués fer-se càrrec de l'orfenat, vaig visitar els meus indrets de l'ànima a Barcelona. Vaig anar, un per un, a tots aquests llocs on havia sentit amb intensitat, racons que guardaven la humitat de llàgrimes dels moments amargs i el perfum de flors dels moments dolços. Potser ells em dirien, d'alguna manera, per on hauria d'anar. Potser em desvetllarien, per mitjà de les seves paraules invisibles i plenes de records inesborrables, per on seguia el camí. Potser em mormolarien, còmplices i silenciosos, quin camí hauria de prendre.

Després de passejar, de pensar i de meditar molt què podria fer per salvar aquells nens amb un futur tan obscur, vaig veure clarament que la resposta als meus dubtes no era tan difícil.

Si passeu pel costat d'una casa que s'està cremant i des de dins algú crida demanant ajuda... què fareu? ¿Perdreu el temps buscant una cabina per telefonar els bombers o entrareu, instintivament, per salvar vosaltres aquella persona per qui encara pot fer-se alguna cosa i, després, trucareu els bombers perquè us ajudin a salvar els altres?

Havia d'entrar a la casa i salvar-los a tots de les flames de la pobresa i de l'atrocitat. Si ningú no m'ajudava a salvar aquests nens, el pas següent estava clar: els salvaria jo. Jo mateix ajudaria l'orfenat, buscaria les fonts d'ingressos, les formes de treball i gestió, i tot el que fos necessari per tal que no tornessin a les estacions i als prostíbuls de Bombai. Establiria amb ells un compromís per a tota la vida i sense possibilitat de fer marxa enrera.

Molts dubtes m'envaïen els pensaments, tot i que ja tenia el rumb molt clar. Per què aquests nens? ¿Per què passa ara amb ells, quan sempre hi ha hagut pobres i necessitats a la meva ciutat? ¿Per què no havia tingut abans aquest instint d'ajudar que ara era imparable?

—Aquí —vaig pensar—, entra en joc el destí...

¿Per què tantes parelles s'han conegut, bo i pertanyent a llocs tan oposats del mapamundi? ¿Què és el que motiva un noi de Barcelona, per exemple, a deixar-ho tot per anar-se'n a viure al costat de la seva estimada en algun indret llunyà com Austràlia o el Canadà? ¿Per què la noia canadenca, havent-n'hi tantes per merèixer a la seva ciutat?

Ningú no té la resposta. Perquè aquí hi entren forces que uns quants anomenaran Déu, uns altres destí i, encara uns altres, atzar, que, per molt que ens hi esforcem, mai no coneixerem.

El primer pas va ser fer números. Hauria de desprendre'm de tot el que tenia per poder fer front a les despeses de l'orfenat. D'una banda, telefonava a l'Atul per saber exactament les xifres dels números vermells i la quantitat dels deutes que arrossegava el centre; de l'altra, anava calculant quant pujaven els meus ingressos, que no era gaire més del que pot tenir un periodista jove. Però per poc que fos, significava un tresor pel que podria suposar en la vida i el futur dels nois.

La primera persona que havia de saber la meva decisió era el meu pare. La meva mare havia mort feia vuit anys. La meva àvia materna, la Marta, sempre havia viscut a casa amb els meus pares i, quan va morir la mare, naturalment, va quedar-se amb nosaltres. Per tant, l'estructura familiar era una mica peculiar: vivíem el meu pare, la meva àvia materna i jo, en un clima d'amor i de comprensió que encara es manté.

Discret, savi i pacient, el meu pare és d'aquelles persones que sempre convida a comptar fins a deu abans de prendre qualsevol decisió de la vida. Sabia que no encaixaria del tot bé el meu projecte, encara que no protestaria. Coneixia perfectament bé quins serien els seus pensaments, i vaig gosar imaginar que potser creuria que era una alienació provocada pel xoc emocional del viatge.

Aquella va ser la primera vegada que vaig plantejar la decisió que havia pres, i de la qual n'havia estat del tot convençut des que vaig deixar —no durant gaire temps— aquell orfenat:

—Papa, ¿saps que vaig conèixer un orfenat en aquest darrer viatge? Es diu Kartika Home. Hi ha quaranta nens, els més fantàstics i afectuosos que he conegut mai. L'orfenat no passa per un bon moment. Aquests darrers dies he intentat trobar ajuda en organitzacions, però no ho he aconseguit. Sé que pensaràs que és una bogeria; ho sé. Però t'asseguro que n'estic convençut. No sé d'on ve tanta seguretat, però la tinc molt arrelada. Jo mateix em faré càrrec de l'orfenat.

—Però, com t'ho faràs? Amb quins diners? No és que vagis gaire bé de diners, i menys ara, després del viatge. ¿Saps les despeses que deu implicar un orfenat?

La meva primera entrevista com a periodista va ser amb Vicente Ferrer, de qui, en aquell moment, mai no n'havia sentit a parlar.

© Francesc Melcion

Gairebé un 60% dels 20 milions d'habitants que té Bombai resideixen en zones de barraques (slums), construïdes a prop de les vies del tren o de conductes d'aigua, on milers de famílies hi viuen en condicions infrahumanes.

Cada dia arriben a Bombai més de 900 persones procedents de zones rurals de l'Índia que busquen una feina millor a la capital financera del país. Aquestes noves famílies acostumen a començar els seus dies "d'esperança urbana" tot vivint en estacions de tren o a les voravies, fet que genera un creixement constant dels sectors més pobres de la ciutat.

© Danilo Ramos

L'educació és una sortida poc rendible per a les famílies de les zones més pobres de la ciutat, que opten per enviar els seus fills a fer feines com recollir escombraries o perseguir turistes per a obtenir almoines. Un dels principals reptes de l'organització és convèncer les famílies, tot oferint alternatives viables, que l'educació és l'única escapatòria de la pobresa perpètua.

© Juan Pelegrín

Tot i que, molt sovint, les autoritats alteren i amaguen les xifres de malalts amb lepra del país, hom calcula que el 70% dels leprosos de tot el món viuen a l'Índia.

© Juan Pelegrín

Inicialment, Dharavi va ser una zona per als kolis, una comunitat tradicional de pescadors. No obstant, aviat va començar a créixer fins al que actualment és la zona de barraques més extensa d'Àsia. Dharavi ocupa 223 hectàrees de Bombai i allotja més de 100.000 estructures de cartrons i uralita que fan de llar a més d'un milió de persones d'aquesta ciutat de l'Índia.

© Juan Pelegrín

© Sonrisas de Bombay

Una de les llargues reunions mantingudes amb representants d'associacions de prostitutes i d'entitats de suport a la zona de Kamathipura, on molts nens són prostituïts, fins i tot des dels cinc anys.

Retrat fet pel fotògraf Carles Carabí l'abril de 2006 en uns abocadors de Bombai.

© Carles Carabí

© Christian Schallert

Tot ensenyant-li a la model Verònica Blume, gran amiga de Sonrisas de Bombay, els progressos de la cama de Robinson Shetty, després d'una llarga operació.

© Sonrisas de Bombay

La creació de llocs de treball entre les mateixes comunitats és una de les grans apostes de Sonrisas de Bombay. Actualment, l'organització, mitjançant els seus projectes i contraparts locals, dóna possibilitat de feina a 339 persones del país.

© Sonrisas de Bombay

© Sonrisas de Bombay

El juny de 2008, Sonrisas de Bombay havia obert un total de 100 llars d'infants (balwadis) per a 30 nens cada una a les zones de barraques de la ciutat. Gràcies a aquests centres, 3.000 nens poden aprendre a llegir i a escriure per tal que, posteriorment, puguin ser admesos i matriculats en centres escolars de la ciutat.

© Maike Wiegmann

Després d'un any de mil batalles legals, vàrem aconseguir el permís per tal que Yashodhan no tanqués les portes i 500 nens de les zones més pobres de Bombay no quedessin desproveïts d'educació.

—El primer que faré és desfer-me de tot el que tinc i que pugui tenir cert valor material. Ho vendré i, amb això, ja tindré un raconet.

—No en tens ni per començar, fill, de veritat.

—I després aprofitaré tots els ajuts que pugui, em posaré en contacte amb persones que he conegut durant aquests anys de feina. ¿De què serveixen, aquests contactes? I els que no tingui, me'ls treballaré. Crearé una organització per tal que els ajuts vagin directament a l'orfenat sense passar per mi. D'aquesta manera, tot serà transparent.

—Però, fill, t'adones de què suposa tot això? ¡És una feinada! D'on trauràs el temps?

—Això no és tot...

—Què vols dir?

—Necessitaré moltíssim temps, tal com dius. Deixo les feines, les dues. Tinc alguna cosa estalviada. Amb això podré anar tirant uns mesos. I si no et fa res, tornaré a viure aquí. No puc permetre'm viure independent, ara que no tindré diners per a mi.

—És clar que pots venir aquí. Aquesta és casa teva, ja ho saps. Però, si et plau, t'has d'adonar de què estàs dient i pensar-t'ho moltes vegades. Jo, de veritat, no ho faria. Facis el que facis, ja saps que respectaré sempre la teva decisió. Però pensa-t'ho molt, Jaume, pensa-t'ho molt...

Va fer exactament el que m'esperava. Preguntar-me si n'estava segur, demanar-me que m'ho pensés una, dues, i les vegades que calgués, i dir-me que, un cop presa la decisió, ell seria allà per donar-me suport.

Moltíssimes vegades a la vida, a l'hora de prendre una decisió, penso què faria o deixaria de fer el meu pare, i si no coincideix en part amb el que jo faria, aleshores ho medito unes quantes vegades abans d'emprendre qualsevol acció.

I és que mon pare és d'aquelles persones que té la capacitat per trobar sempre el punt mig, fent prevaler per sobre de tot la discreció i la prudència. Un exemple impagable amb el qual sempre he comptat durant el viatge de la vida és, sense cap mena de dubte, el del meu progenitor. Els seus consells savis i la seva paciència infinita són una font d'assossec. I, naturalment, un altre exemple és el de la meva mare que, com a mestra, va posar tota la seva perseverança i professionalitat en l'educació de molts nens i, com a mare, tot el seu amor en la meva. Amor pur i generós, sense esperar res a canvi.

Mai no van inculcar-me res a base d'embolics de paraules ni de reprimendes; només vaig aprendre a caminar per la vida mitjançant la sàvia i doblement eficaç escola de l'exemple. Per aprendre la importància de l'amor, per conèixer el valor del respecte i de l'afecte, per entendre el veritable significat de la rectitud i de l'ètica, no vaig necessitar altra cosa que amarar-me d'allò que vaig veure a casa.

Crec profundament en aquesta mena d'educació mitjançant l'exemple; és la més lògica i eficaç.

Aquell dia, igual que molts d'altres, el meu pare va semblar-me el que per a la majoria de fills és el seu progenitor: el millor pare del món.

Vaig comunicar-li la intenció de traslladar-me a Bombai. Vaig dir-li que allà podria ajudar de veritat i que, si més no durant els primers mesos, la meva estada permanent allà era del tot necessària per tal de poder encarrilar bé el projecte i aconseguir que produís el màxim benefici per a aquells nens de Bombai. I, naturalment, vaig deixar entreveure que si ell o la meva àvia es posaven malalts, tornaria immediatament a Barcelona. No seria lògic actuar o viure en nom de l'amor sense començar pels de casa.

L'endemà havia quedat amb la Sònia i el Miguel Angelo. La Sònia havia treballat amb mi feia alguns anys i ens havíem fet molt bons amics. Ara, la seva parella, el Miguel Angelo, també era amic meu i els tres quedàvem regularment. Ens feia riure el fet que gairebé sempre ens citéssim els dimecres o els dijous i que coincidíssim sempre amb el mateix menú del dia.

Aquell dia vam veure'ns al restaurant La Mamasita, a l'avinguda de Sarrià de Barcelona, molt a prop de l'oficina on treballava la Sònia.

Ells serien els primers amics que coneixerien la decisió tan important que havia pres. Havia estat tot el matí a la Generalitat de Catalunya, on un parell d'advocades m'havien explicat detingudament totes les passes necessàries per tal de crear l'entitat. El temps se'ns tirava al damunt i tota la burocràcia semblava eterna.

La Sònia i el Miguel Angelo van arribar puntuals i vam començar a dinar a quarts de tres. Jo em sentia impacient i intentava descobrir el millor moment per explicar-los-ho.

Mai no sabran com va arribar a ser de decisiva la seva reacció i la importància que va tenir per als temps que venien. El fet que, des de bon començament, aquells amics em donessin el seu suport i s'alegressin del meu entusiasme i en participessin, va revifar-me l'ànim i les esperances que en tants moments hauria de necessitar.

—Et caldrà una web. Pensa en un nom i digues-me'l. Potser podria dissenyar-la i t'estalviaries haver de pagar un dissenyador —va comentar en Miguel Angelo, que era excel·lent en el disseny de pàgines web.

I així vàrem passar el que quedava d'aquell dinar agradable, tot proposant idees i il·lusions, mentre jo pensava en el somni i provava de visualitzar-lo fet realitat.

Amb la paperassa inicial varen arribar les primeres esperes interminables i les primeres cues sense fi. Tot i que se'm feia pesat, ja intuïa que allò no era res comparat amb el que m'esperaria a Bombai. El tracte que vaig rebre per part del personal de la Generalitat va ser, cal dir-ho, immillorable i eficaç.

Havia d'estar telefonant a l'Índia constantment per tal d'assegurar-me que seguien resistint i demanar-los que aguantessin al màxim aquella situació. No tenia cap equip ni a Barcelona ni a Bombai. Jo només havia d'apanyar-me-les per proveir-me i gestionar-ho tot bé: els registres, les primeres accions per buscar ajuda i els primers consells:

«És una idea molt esbojarrada —va comentar-me un directiu portuari a qui vaig visitar per tal de demanar-li ajuda—, no hi crec gens ni mica. És impossible que un noi com tu, jove i amb una vida fàcil, suporti un país com l'Índia. Se't menjaran viu. No hi tens res a pelar. Em nego a ajudar-te. I, creu-me, ho faig pel teu bé. T'estavellaràs. Si vols que et sigui sincer, no et dono més de tres mesos. Tot és molt bonic i molt utòpic, però pensa amb el cap. Toca de peus a terra i mira la vida real. Deixa que ajudin els pocs que ho fan si creuen que així arreglaran el món. Però no et compliquis».

«Tens edat d'anar a les discoteques, de sortir a lligar, de passejar-te amb la teva moto —em deia el coordinador d'una empresa publicitària amb la qual treballava la revista—. Ets jove, bon professional. ¿Ara et ficaràs en un orfenat com si fossis un monjo? I la teva vida? ¿Qui serà la boja que es casi amb tu? Una índia? Aquesta gent són tant especials i diferents de nosaltres... Estàs com una cabra...»

«Però ja saps què significa formular un projecte? ¿Tens experiència en cooperació internacional? —em deia incrèdula i alarmada la Mariane, l'auditora a qui vaig consultar i que va convertir-se en la millor llevadora del meu "nadó".»

—Ets un bon professional —van dir-me a la feina—, estàs llençant per la borda un futur brillant.

Cap d'aquells comentaris no em frenava. És possible que llencés per la borda un futur brillant com a periodista. O potser no. El que sabia amb certesa és que dibuixava al cel del món quaranta futurs que brillarien com cometes. I la llum de quaranta il·lumina més que la llum d'un de sol.

Aquells dies, a mesura que comunicava aquella decisió, rebia comentaris de tota mena. Alguns, del tot absurds:

«T'has donat un cop al cap?», «Tan jove i maco?», «¿T'has tornat boig?», «Quina desgràcia t'ha passat?», «¿T'ha deixat la teva xicota?», «T'han fet fora de la feina?», «¿No ets feliç?», «Vas a l'Índia per trobar-te a tu mateix?», «¿Tens alguna cosa a veure amb alguna secta? Vés amb compte, que aquestes coses són molt perilloses...».

I així van passar alguns dies, durant els quals el meu entorn s'havia revolucionat, per bé que jo em sentia més impassible i tranquil que mai.

A la nit, els escrits de Ghandi, còmplices i savis, amenitzaven les hores d'insomni:

Ens hem de negar a deixar-nos portar pel corrent.
Un ésser humà que s'ofega no pot salvar els altres.

Recordo una d'aquelles nits amb intensitat. L'endemà havia de registrar el nom que havia pensat per a l'entitat. A la Generalitat m'havien comentat que potser es podria emetre un document provisional per tal de començar a «tapar els forats econòmics» de l'orfenat i que, per tant, ja era necessari presentar el nom.

Mil idees em venien al cap. Tenia una llibreta i un bolígraf al damunt de la tauleta de nit per a les possibles opcions que apareguessin i per procedir a la «pluja d'idees» individual.

Vaig obligar-me a tancar els ulls, que la manca de son mantenia oberts, a pensar en la imatge dels nens i a evocar les primeres paraules que em vinguessin al cap.

«Si aquesta decisió ha sortit del cor», vaig meditar, «deixa que també sigui el cor qui decideixi».

Vaig cloure els ulls i vaig volar mentalment mig món per tal d'arribar fins als estimats poblets de Bombai. Vaig creuar amb vol alt Itàlia, l'Orient Mitjà... Des dels cims, vaig veure les ruïnes de Jordània, que havia visitat en el primer viatge, vaig volar emocionat la mar d'Aràbia, on m'havia mullat els peus nus feia poc més d'un mes, i vaig arribar finalment a prop de Kartika Home. Vaig veure la Pooja, en Rohit, la Shakuntala, en Priyanka, la Goopta... Vaig veure'ls jugant, rient, cantant, pentinant-se les trenes i els seus cabells brillants amb oli de coco per anar a les classes als garatges de la caseta.

És clar! Com és que no se m'havia acudit abans? Aquells nens, amb sol o amb ombra, tant si feia fred com si feia calor, no deixaven de fer una cosa: somriure.

Vaig fer un bot des del llit i vaig incorporar-me. Vaig encendre el llum i vaig agafar el bolígraf per escriure a la llibreta: «Somriures».

Aleshores vaig tornar al llit tranquil i satisfet, encara que no n'hi havia prou amb una sola paraula. Les advocades de la Generalitat m'havien dit que calia que el nom sol ja fos indicatiu i, de ser possible, que delimités l'acció de l'entitat o el seu àmbit geogràfic.

Vaig tornar a encendre el llum, vaig agafar el paper i vaig ampliar el nom:

«Sonrisas de Bombay».

Sí, aquell nom m'agradava molt, i no hi havia res millor per a una entitat que ajudava uns nens que somreien tant. Tant que, per bé que ara es trobessin a l'altra banda del món i el llum del dormitori tornés a estar apagat, m'enviaven llampades blanques. Tant com les seves ànimes innocents i impol·lutes, tot i habitar cossos segellats amb la injustícia i el dolor.

Vaig poder registrar el nom i disposar del permís en un temps gairebé rècord.

Vaig telefonar el Miguel Angelo i li vaig donar el nom per tal que registrés el domini i comencés a dissenyar la web. A les primeres persones a qui vaig comunicar el nom, els va encantar això de «Sonrisas de Bombay».

Durant els dies següents van arribar-me els primers regals... i els primers menyspreus. Vaig trucar a totes les portes imaginables. Em preparava una agenda des de les set del matí fins a mitjanit i, aleshores, no parava. Visita rera visita. Sense menjar ni descansar. Necessitava els diners per tirar endavant aquells nens de Bombai. Un segon perdut, un minut sense aprofitar, era una possibilitat més que aquells nens acabessin als bordells. Aquest sentit del deure, lliurement escollit i autoimposat, ja m'havia d'acompanyar sempre.

Diverses persones amb qui vaig posar-me en contacte van donar-me suport i van oferir-me ajuda; unes altres van riure's de mi tot dient-me, obertament i amb orgull, que allò d'ajudar els altres no anava amb ells, i que preferien invertir els diners en sopars i capricis abans que ajudar un nen de Bombai.

—Total, ni una ni dues persones no arreglaran el món —comentaven (des del meu punt de vista, d'una manera del tot equivocada).

Fins i tot va haver-hi qui va proposar-me d'organitzar un acte per tal de quedar-nos amb la meitat de la recaptació. Sortia esgarrifat de molts despatxos després de descobrir la poca ètica existent. Algunes persones van sorprendre'm molt, i no pas agradablement. Tot i que, per sort, unes altres van demostrar-me tenir un cor grandiós.

—Què podem fer, per tu?

—Per mi, res —els acostumava a dir—, per a uns nens de Bombai de qui et parlaré, sí que pots fer-hi molt.

I, a continuació, els ensenyava un petit àlbum amb les seves fotografies que duia a totes les trobades i que, entre reunió i reunió, jo també contemplava per tal d'omplir-me de l'amor dels seus somriures i obtenir-ne l'energia necessària per continuar amb la meva feina. Per això vaig batejar aquell àlbum com el meu particular «efecte Duracell».

En aquelles reunions aplicava les meves dots periodístiques. Si el destí havia volgut que estudiés aquesta carrera, potser era amb aquesta finalitat. Estic convençut que la veritable raó de les coses sempre apareix al cap dels anys, i la seva finalitat sempre es manifesta com el bé de terceres persones. Aquells dies vaig entendre el perquè del periodisme, el perquè del protocol, el perquè de la meva tesina sobre el genocidi rwandès, el perquè del viatge... Fins i tot vaig interpretar com una broma del destí el fet que m'hagués tocat fer la meva primera entrevista com a reporter a un tal Vicente Ferrer, de qui aleshores no en sabia gairebé res.

Les reunions se succeïen i vaig poder anar reunint uns quants diners. Moltes de les persones a les quals visitava no s'hi podien negar. Havia respectat amb silenci sepulcral els seus *off the record* en nombroses entrevistes; els havia ajudat en publicar, sense demanar-los res a canvi, bonics articles en temps difícils per a les seves empreses. No era fàcil que em donessin un «no» per resposta, si tenien en compte els favors passats i l'efecte de les fotografies dels meus «herois» al damunt de les taules dels seus despatxos.

Hom acostuma a dir que tot el que es fa durant la vida torna d'una manera o d'una altra. ¡Quina frase tan encertada! I com vaig poder-ho comprovar en aquell moment!

¡Val tant la pena viure sempre amb rectitud i sentit de l'ètica! Per als altres, i fins i tot per a un mateix. La tranquillitat i la satisfacció que proporciona no pot pagar-se ni amb tots els diners del món, ni amb tot l'or dels tresors esfondrats a la mar.

Bo i parlant amb aquelles persones també vaig adonarme del grau de responsabilitat que tenim tots i cadascú de nosaltres sobre el futur de la humanitat. Ens passem la vida lamentant-nos del món, dient que va malament i criticant-lo, però tot sovint oblidem que nosaltres som una part d'aquest mateix món. Comencem a canviar nosaltres, i una part del món haurà canviat.

És igual que tenir al nostre davant una paret de color negre i queixar-nos que és fosca, quan a les mans hi tenim un potet de pintura blanca i un pinzellet. Potser amb aquest potet no podrem pintar tota la paret, però sí que tindrem accés a un bocí. Si cadascú hi aporta la seva part, pintant el tros que li correspon o el que bonament pugui fer, la paret, al final, serà blanca.

10

La resta de la meva vida

La veritat resideix al cor de tots els éssers humans. Allà és on cal buscar-la perquè ens guiï. El menys important és com se'ns mostra. No podem obligar els altres a actuar d'acord amb la nostra visió de la veritat.

GANDHI

Havien passat diverses setmanes i necessitava cada vegada amb més urgència un major nombre d'ajuts per tal de tornar a Bombai com abans millor. La prioritat era tapar les ferides que tenia l'orfenat amb l'esparadrap d'aquestes donacions provisionals i establir les bases per planificar unes estratègies de curació més duradores.

Durant aquelles setmanes va ser essencial el suport d'unes quantes persones que van ajudar-me a organitzar un concert del cantant Antonio Orozco, la recaptació del qual permetria finançar l'educació de tots els nens de l'orfenat durant un any. Aquella nit, fins i tot els cambrers de l'esdeveniment van treballar de franc.

—Et fem aquest favor perquè t'estimem.

—No me'l feu a mi —insistia sempre—, el feu a quaranta nens de Bombai.

Els primers socis a registrar-se van ser la Sònia i en Miguel Angelo, suposo que al mateix moment de publicar definitivament la web, que va resultar d'una gran qualitat.

També vaig posar-me en contacte amb l'estudi parisenc del fotògraf Olivier Follmi, una veritable «institució» que des de fa anys immortalitza amb la seva càmera unes imatges precioses de l'Índia, del Nepal i del Tibet, i que fins i tot ha creat la seva pròpia fundació per tal d'ajudar els més necessitats. Ell mateix va respondre'm amb una carta molt bonica en què em deia que era un plaer que utilitzéssim les seves imatges per a aquesta causa, de la qual li havia parlat en una primera carta de diversos folis i en la qual també li demanava permís per fer servir alguna de les seves imatges.

Tanmateix, vaig anar lliurant a moltes persones tots els vestits i complements de vestir que algunes empreses m'havien enviat durant els meus tres anys de dedicació en aquell restaurant de moda que sempre duré al cor, i totes les corbates que feia servir per a la meva feina de periodista i que havien estat testimoni de reunions i conferències (algunes d'interessants; unes altres, soporíferes).

Vaig adonar-me que renunciar a les coses materials no costa res. Les coses que més es troben a faltar són les que mai no es podran comprar.

Ja no em feien falta ni vestits ni corbates, perquè ja havia trobat un lloc, el que em pertocava, on no em calien màscares ni disfresses, i podia ser, senzillament, jo. A partir d'aquell moment, n'he tingut prou amb un parell de camises, dos pantalons, unes sandàlies i unes sabates d'hivern per a les gires de conferències per Europa o els Estats Units.

Quan lliurava les pertinences i algú em preguntava què m'havia passat, segurament devien estar convençuts que m'havia succeït alguna cosa dolenta per arribar al punt de decidir-me a prendre un rumb nou al camí de la meva vida. Naturalment, no era així, i precisament per això és important. Hom no pot escometre canvis per evadir-se ni per transformar insatisfaccions latents en un mateix. Per tal de realitzar un canvi d'aquesta magnitud i d'emprendre un vol nou, cal estar bé, molt bé. Havia estat feliç fins aleshores, i no feia allò per fugir de res.

A partir d'aquell moment tampoc no vaig pensar mai en la meva vida. Només tenia al cap la dels altres, en aquest cas, la dels meus petits grans amics de l'orfenat del nord de Bombai. Aleshores vaig descobrir el veritable secret de la felicitat. Només som veritablement feliços quan cerquem la felicitat dels altres i, a més a més, l'aconseguim. No hi ha paraules per expressar la sensació de gaudi que suposa veure feliços els altres.

Quan la Generalitat va donar-me els papers provisionals, vaig passar tot el dia amb aquella carpeta enganxada al pit i no me'n vaig separar ni per menjar. Les esperances de molts nens eren escrites en aquells folis.

Havia aconseguit diversos ajuts i vaig establir un programa per tal de buscar socis que em permetria augmentar els suports de manera gradual i, potser, plantejar el fet d'acollir més nens a l'orfenat. Això no obstant, necessitaria donar a conèixer més el projecte; no podria estar recorrent sempre als amics i als contactes.

Vaig reunir-me amb una dona que era propietària de diverses empreses que havien tingut una gran expansió durant els darrers anys.

—Què puc fer per aconseguir més fons? ¿Quin sistema faries servir? Quines estratègies he de seguir?

—Mira, Jaume —em deia segura—, tu només fes el que estàs fent ara mateix amb mi: parla del projecte amb la passió amb què ho fas. Si sempre parles en públic sobre el projecte amb el mateix entusiasme amb què ho fas en privat, tot et sortirà perfecte. Si sempre mantens aquesta passió a la teva vida i deixes que brilli, l'organització serà tot un triomf.

Així vaig fer-ho, i no en tinc cap queixa.

Finalment, després d'un mes i mig delirant, vaig aconseguir de tornar a Bombai, amb els diners a la mà i els estatuts definitivament creats, cosa que va permetre que els ajuts es formalitzessin i que l'orfenat no hagués de tancar mai.

Tal i com li vaig demanar, l'Atul va enviar-me les carpetes que contenien els expedients de cadascun dels nens. Vaig començar a llegir-los en una cafeteria de Barcelona i vaig abandonar el local plorant, tot i que sóc enormement pudorós a l'hora de mostrar en públic els meus sentiments. Era capaç de posar un nom, un rostre i un somriure a totes aquelles frases que llegia de cadascuna de les històries esgarrifoses. I allò va ser el que em va impressionar tant. Les paraules impreses en paper gastat no em parlaven de «nens del Tercer Món»; ho feien de la Pooja, el Babu, la Neeta i totes aquelles criatures amb les quals estava jugant un mes enrere, i a qui ara lliurava la meva vida.

Després d'aquesta experiència vaig construir una petita «fàbrica de reciclatge» al meu interior. Vaig decidir que cada moment o cada «ració de llàstima» que sentís pel que veuria a Bombai, el reciclaria i el canalitzaria cap a fora en forma d'empenta i d'energia per seguir endavant amb el projecte que estava a punt d'emprendre. Aquesta pràctica de supervivència emocional era del tot necessària per al camí que estava emprenent.

Va ser un mecanisme de defensa que vaig haver d'inventar-me per tal de no rendir-me mai. Vaig prendre consciència que tot aquest pes requeia sobre mi i que, a la més mínima feblesa sentimental que sentís per les tragèdies que pogués presenciar, posaria en perill tot el projecte en conjunt. No podia flaquejar ni ser tou, i m'havia d'esforçar per tal de perseverar en els meus propòsits.

Assumir aquest compromís va suposar, d'alguna manera, que en Jaume, el xicot de vint-i-tants anys que fruïa corrent a tota velocitat amb la seva moto pels carrers de Barcelona, deixés d'existir una mica per donar pas a SONRISAS DE BOMBAY, un projecte que per a mi ja ho era tot.

No em permetria cap desànim perquè podria repercutir negativament en l'ONG i, el que és el mateix, en l'avenir d'aquesta quitxalla. El mateix passava amb el cansament. Si ja era molt tard i els ulls se'm tancaven, en tenia prou de mirar l'àlbum de fotos i veure les cares dels nens per tornar a encendre l'ordinador i seguir escrivint i fent plans, fent números i anotant mil idees que permetessin que els meus petits herois de Bombai no es quedessin mai sense l'escalfor d'una llar.

Vaig haver d'aprendre a reciclar la llàstima, a convertir-la en força i coratge per tal de continuar mantenint la lluita pacífica contra la pobresa que estava disposat a emprendre en una ciutat a l'altra punta del món.

Quan vaig tenir tot el necessari, vaig telefonar l'Atul. No els havia donat gaire detalls des que havia tornat a Barcelona, per si les coses no haguessin rutllat bé. L'última cosa que desitjava era destruir les seves il·lusions.

—Atul, vinc a viure a Bombai. L'orfenat seguirà endavant i amb ajuts. T'ho explicaré quan arribi.

Vaig penjar el telèfon i vaig prémer l'aparell contra el meu cor, mentre mirava una fotografia dels nens que havia emmarcat feia uns dies, per tal de veure-la així que em llevava.

Mancaven dos dies per fer les maletes amb el poc que quedava per a mi i el molt que els portava. No només començava un viatge amb rumb a Bombai, sinó que també començava la resta de la meva vida.

11

Déu et recompensarà

Si actualment hi ha tanta mentida al nostre món perdut és perquè cadascun dels éssers humans reivindica els drets d'una consciència il·luminada sense sotmetre's a la mínima disciplina.
Per descobrir la veritat, primer de tot és necessari tenir una gran humilitat. Per penetrar al cor de l'oceà que és la veritat, cal decidir-se a ja no ser res.

Gandhi

Vaig arribar a Bombai carregat d'il·lusió i amb l'ajut suficient per poder tapar els forats de l'orfenat amb pegats pintats de força renovada i d'esperança.

Provisionalment m'allotjaria a casa d'un dels professors i, amb el temps, ja buscaria algun lloc per a mi. Aquella primera nit vaig dormir tranquil i totalment feliç. Ja estava fet. Aquells nens ja podrien seguir allà i la peça de la meva persona havia encaixat al trencaclosques del món.

Tenia clar que no em quedaria al mateix lloc on eren ells. Si alguna cosa estava aprenent d'aquell país és que les xafarderies eren quelcom habitual i no volia que mai m'arribessin comentaris semblants als que ja havia escoltat sobre altres estrangers que treballaven amb menors.

Vàrem convenir que a Kartika Home conservaríem la dinàmica familiar, de manera que vaig posar una condició:

l'orfenat, si creixia, sempre ho faria mantenint l'estructura que tenia en aquell moment, potser pel fet de no disposar de fons. D'aquesta manera, encara que augmentés el nombre de nens, continuarien vivint en un ambient familiar. L'orfenat hauria de créixer en casetes amb un matrimoni que estigués a càrrec d'un petit grup de nens.

Quan pensem en un orfenat, acostumem a imaginarnos una sala enorme, plena de lliteres fins on es perd la vista, amb un vigilant estricte que amenaça tothora els nens amb unes tècniques d'educació exageradament marcials. Això era l'última cosa que volia per a aquells nens. Naturalment, en tota base educativa, la disciplina és necessària, però el fet de viure en casetes amb matrimonis els permetria sentir-se en una llar i comptar amb el recolzament i l'afecte com a ingredients més propers en el seu desenvolupament. En definitiva, tenir l'amor com a impuls principal per créixer i educar-se, i adquirir la confiança en ells mateixos necessària per caminar per la vida amb pas ferm i segur.

Tot i que un nen s'eduqui amb una formació acadèmica excel·lent, amb els millors complements dietètics a la seva alimentació i els metges més erudits controlant el seu desenvolupament mental, si no ho fem des d'una base d'amor, tot plegat no serveix de res. Naturalment, l'ideal seria accedir a tota aquesta llista que acabo d'anomenar, però sempre amb l'amor com a plataforma impertorbable. ¡Quantes vegades s'han vist persones amb molts diners i una sensació de tristesa perenne perquè durant la seva infantesa van passar de mainadera en mainadera, sense cap referent constant! L'amor, en el joc de la vida, sempre guanya.

Durant les primeres setmanes vaig comprovar que a la meva maleta quotidiana hi hauria d'incloure tres coses per tal de sobreviure en aquell país i fer-ho, també, de manera sàvia: humilitat, sentit de l'humor i paciència.

Vaig començar per la humilitat. Des dels primers dies em vaig convèncer d'una cosa ben clara: era jo qui estava al seu servei, i no pas ells al meu. Jo era el seu servent, el seu súbdit, qui havia arribat a la seva terra i havia renunciat a tot per tal que disposessin de mi en tot el que necessitessin. Abans d'ajudar, pregunta en què pots fer-ho, i escolta. No donis mai per suposat que la teva ajuda sempre serà necessària. Perquè de vegades no ho serà. No serveix de res imaginar que el que fas està bé o no, o que tu —pel fet de ser d'Occident i de tenir més estudis— els has d'ensenyar alguna cosa. L'aprenentatge és mutu i la riquesa de coneixements, també.

Per la seva part, els nens em demostraven cada dia que eren els millors mestres possibles.

—Què significa el teu nom? —em preguntaven contínuament, tractant de pronunciar-lo de diverses maneres.

—Jaume ve de l'hebreu Jacob, i significa «Déu et recompensarà».

—Que bonic! —deien els uns, mentre els altres repetien les meves paraules als qui no havien estat atents a la resposta.

Durant la segona setmana, quan ja m'havia aclimatat una mica i havíem solucionat tota la paperassa necessària per tal que l'orfenat pogués rebre els ajuts estrangers, vàrem decidir que els ensenyaria castellà.

Aquell dia assolellat d'abril no podia evitar de sentir-me nerviós. Al cap de pocs minuts donaria la primera lliçó als més grans. La nostra primera classe de castellà! Al costat de la caseta on dormien els nens, un garatge petit es feia servir d'escola. Les parets estaven trencades i desgastades pels últims monsons, el verdet ja s'ensumava abans d'entrar-hi, i els papers que penjaven de la paret groguejaven per causa d'un temps que no passa debades. Vaig restar una estona deambulant al costat de la porta, mentre observava com els nens anaven entrant a l'aula amb les seves llibretes gastades i els llapis arranats fins al darrer bocí.

Vaig esperar-me uns minuts més i vaig comprovar que ja havien entrat tots a la classe. Aleshores vaig adonar-me que alguns somreien i es parlaven a cau d'orella, mentre un d'ells escrivia alguna cosa a la pissarra, que jo no podia llegir des d'on era.

Quan intentava endevinar què devien estar escrivint aquells nois en plena adolescència rebel, se m'acudien «El professor és babau»; «Aquest blanc és un babau», o mil frases d'aquest estil, per tal que jo les veiés tan bon punt comencés la classe.

Quan vaig entrar a l'aula, tots van callar i em miraren amb els ulls brillants... com espurnes. Vaig tombar-me cap a la pissarra bo i assajant un suposat gest enfadat, vaig donar-me la volta convençut de descobrir a la pissarra alguna frase que feia mofa del «Jaume *sir*», que és com m'anomenaven.

El que vaig llegir em va deixar bocabadat. Podia llegir-se en anglès, amb lletres grans i clares:

Jaume significa Déu et recompensarà.

A nosaltres, Déu ens ha recompensat amb en Jaume.

L'emoció va tesar-me la gorja com si fossin les cordes d'una arpa i vaig clamar perdó a tots els déus per haver dubtat de la seva bondat.

L'endemà, i mentre em trobava immers en els meus llibres nous per aprendre hindi, dos treballadors de l'orfenat van entrar al meu despatx alarmats.

—Jaume *ji*, Jaume *ji*! —aquella era la primera vegada que sentia el meu nom amb el *ji*, el màxim símbol de respecte a l'Índia, i reconec que va incomodar-me.

—Què passa? Tranquil·litzeu-vos, si us plau.

—Ha d'anar a Matunga, si us plau, és molt important. Ha passat una cosa terrible. Hem d'afanyar-nos, hem d'anar-hi o ja serà massa tard.

—Massa tard per a què? No entenc res. Voleu explicar-me de què es tracta?

—Ha passat una cosa terrible a la zona dels *slums*, Jaume *ji*. Una dona, que havia estat agredida en diverses ocasions amb àcid pel seu marit, ha agafat una pedra enorme i l'hi ha llençat al cap mentre dormia. Li ha aixafat el cervell. Els quatre fills eren allà. La policia la detindrà i els nens es quedaran sols.

Vàrem posar aquella furgoneta-tartana a la màxima velocitat que ens permetien la carretera plena de forats i el trànsit infernal.

En arribar vaig veure quatre nens, dos dels quals eren una veritable miniatura. Ploraven sense parar, ofegats entre llàgrimes i tremolant. Les tres nenes tenien menys de deu anys i el nen en devia tenir uns dos. La roba que duien estava plena d'una cosa blanca; en aquell moment no vaig saber què era, fins que no vaig entendre que eren trossos del cervell del seu pare, que havia esquitxat tot l'interior de la barraca, incloent-los a ells.

Feia estona que la policia ja havia marxat: segons semblava, en una barraca veïna asseguraven conèixer els oncles materns dels nens, i es posarien en contacte amb ells, al seu Tamil Nadu natal.

Però tenia una premonició estranya. Aquesta història dels oncles no em semblava gens creïble. L'instint em deia que aquells nens estaven del tot desprotegits.

Vaig tombar-me i aleshores vaig adonar-me de la presència d'aquells homes. Ara no era la intuïció la que em deia que estava passant alguna cosa dolenta. Eren el coneixement i la raó. Si puc presumir d'alguna cosa, és de tenir una memòria d'elefant per recordar situacions i converses viscudes. Aquells homes que ara veia, amb un cotxe negre aturat al seu costat, eren els mateixos que havia vist mesos abans a la porta de l'orfenat.

Un d'ells parlava per telèfon mentre contemplava la lluïssor de les seves sabates brillants. L'altre conversava amb la dona que feia uns instants assegurava ser l'amiga dels oncles d'aquests nens, que continuaven plorant enmig de tanta gent i, aparentment, tan poques persones.

Els dos individus s'assemblaven, eren relativament alts i corpulents per ser indis, d'uns quaranta anys i amb mostatxos espessos. Anaven vestits amb camises perfectament ben planxades i pantalons de pinça més aviat ajustats. I les seves sabates, uns mocasins de cuiro negre, brillaven tant que semblaven de xarol.

Vaig adreçar-m'hi, fent orelles sordes als consells que venien d'algunes veus del grup i que no reconeixia.

—Cap problema? Si els sembla, anem junts a la policia i mirem què podem fer pels nens. I, si no els sembla, també.

Vàrem discutir i, després de dir-nos mil coses, vaig acabar frenant les seves mans furioses amb uns comentaris que semblava que temien.

Van quedar-se observant-nos, al grup que contemplava l'escena i a mi, i finalment van marxar, bo i mirant-me fixament amb odi i menyspreu, no sense, abans, escopir-me als peus. Va ser la primera vegada que m'escopien aquelles persones que no em veien amb bons ulls. No seria la darrera. I no precisament als peus.

Després d'aquella situació vaig quedar-me enormement satisfet per una cosa: el mal tràngol amb aquells dos individus m'havia demostrat el triomf de la paraula per sobre de la violència. Acabava de comprovar-ho: no només eren teories boniques i utòpiques, sinó una realitat absoluta.

La dona que deia ser de la família va dirigir-se cada vegada més de pressa cap a l'altra banda del carrer, fingint que no hi tenia res a veure. No vaig poder evitar de seguir-la. O, millor dit, perseguir-la, si tenim en compte que començava a córrer. Necessitava saber què dimonis havia anotat en aquell paper que premia, amagant-lo, amb la seva mà esquerra, i que havia estat ensenyant uns minuts abans a aquells dos homes de dubtoses intencions. Si bé és cert que la curiositat va matar el gat, també ho és que va salvar l'home.

Vaig aconseguir atrapar-la i prendre-li el paper de les mans. I la dona va perdre's entre les muntanyes d'escombraries que dominaven el carrer.

En obrir-lo, no vaig entendre res. L'hindi escrit encara no era a les meves primeres lliçons. En demanar als nois que m'ho traduïssin, van mirar-se seriosos, i un d'ells va mormolar:

—Són els preus dels quatre menuts. Intentaven vendre'ls.

La ràbia no és bona, ha de transformar-se en altres sentiments que no ens fereixin. Això no obstant, i sense poder evitar-ho, en aquell moment va envair-me la ràbia.

Després de netejar els menuts amb una galleda que va deixar-nos algun veí dels *slums*, i de telefonar la policia per tal d'intentar esbrinar les dades de la presó on havien dut la mare, vaig tenir clar que aquells nens havien de venir amb nosaltres a l'orfenat. Tal com ens confirmaven les veïnes, aquells quatre menuts no tenien cap mena d'ajut, i ningú no podia fer-se càrrec d'ells ni tenir-ne cura.

Ens esperava un procés complicat. No era tan senzill com endur-nos-els i ja està. Si ho haguéssim fet, es tractaria d'un segrest. Abans hauríem de tenir autorització legal i comptar amb el vist-i-plau del tutor, un tràmit gens senzill, si tenim en compte que el seu pare acabava de morir i la seva mare era en alguna presó remota que desconeixíem.

Després havíem de trobar tots els papers i els registres dels nens. Si no eren a la barraca —cosa molt probable, ja que la seva família no era de Bombai i molts d'aquests nens no els havien registrat—, calia anar al govern del seu estat per tal de començar des del principi la tramitació del seu registre.

Paral·lelament hauríem de començar el tràmit al govern central de Delhi per tal que el Comissionat que ens correspondria com a entitat sense ànim de lucre autoritzés aquella nova acollida.

D'altra banda, com que en aquella gestió hi havia un home blanc, no indi, tot es complicaria moltíssim.

Si a tot allò hi afegim que cada una d'aquestes gestions implicava dies i més dies, potser això suposarien mesos abans no poguéssim acollir aquests quatre nens a la nostra família.

Vam fer un tracte amb una persona que coneixíem en aquella zona i es va comprometre a tenir cura dels nens de tant en tant fins que no haguéssim acabat els tràmits.

Allò em semblava inconcebible: preferien que els nens fossin al carrer, totalment abandonats, abans que agilitar un tràmit burocràtic per tal que poguéssim acollir-los.

Si hi ha alguna cosa que mai no he pogut entendre és generar problemes sense oferir, al mateix temps, alternatives. I aquella era una situació així. Em semblava correcte que no es refiessin de la primera persona que volgués emportar-se els nens, però no vaig entendre que preferissin deixar-los al carrer, al davant del perill que algú els segrestés realment amb males intencions.

Tres mesos més tard, finalment, vam poder acollir els quatre menuts. Després d'una fase de por i de desconcert, van anar-se confiant i se'ns van obrir a base de tendresa i d'amor, sense forçar-los. Calia que s'anessin aproximant a poc a poc, al seu ritme, ajudats per les nostres abraçades i paraules d'afecte.

Pocs dies després, una trucada al meu despatx va interrompre, un altre cop, les meves classes d'hindi.

En Jitesh i la Robita, dos dels assistents, van comunicar-me alarmats que el cosí d'un conegut seu necessitava la nostra ajuda. Es deia Santosh, tenia catorze anys i el seu pare havia mort feia unes setmanes.

Segons semblava, el pare del Santosh vivia amb ell en un descampat proper a l'estació de Dadar, on s'havien installat després d'emigrar des del seu Rajastan natal en morir la seva mare. Després de la mort del seu pare, en Santosh havia començat a ajuntar-se amb bandes del carrer a l'estació, i el seu estat físic anava de mal en pitjor.

Quan vàrem arribar a Dadar, i després de donar una volta sense trobar cap colla de suposats perdularis, vàrem decidir de seguir les vies per arribar a una altra zona de l'estació poc visible per als milers de passatgers que diàriament agafen el tren en aquesta terminal.

Allà vam trobar un grup de nois. Esnifaven cola en bosses transparents i reien bo i compartint bromes gruixudes i pronunciant paraules que amb prou feines podien articular.

—Qui és en Santosh?

—Aquell d'allà —va dir un d'ells amb una actitud provocativa pròpia d'un adolescent rebel.

En Santosh era prim, molt morè i es recolzava en una caixa de fusta que simulava ser un cap en un coixí. A la mà esquerra hi tenia una bossa de plàstic i, a la dreta, la burilla d'un porro. Tenia els ulls totalment en blanc i, per un moment, fins i tot vaig dubtar si era viu. De sobte, el seu cos va començar a tenir convulsions i, quan ja el subjectàvem, va començar a vomitar sense parar una mena de baba rosada.

Ràpidament, vam endur-nos en Santosh a un hospital. Ja pensaríem més tard en els papers. Abans d'anar-nos-en, vaig girar-me per tal d'observar els altres nois que seguien inhalant i fumant sense ni tan sols mirar-nos. I vaig sentir una llàstima profunda. En Santosh tenia més sort que els seus companys de batalles. Ells, al cap i a la fi, van quedar-se allà. I aneu a saber si viurien gaire temps.

El mateix m'havia passat amb la Babita, l'Ankita, la Neeta i en Jitendra, els quatre germans, en imaginar quants nens més devien haver estat venuts sense que cap blanc manefla ho hagués evitat. I també m'havia passat amb la Rati, en Vinayak, la Rameeta i els nens que anàvem acollint.

Després d'aquests primers casos, vaig afegir una premissa més a la meva «fàbrica de reciclatge»: mai no em recrearia en el que estigués fent. Sempre enfocaria totes les meves mirades i atencions en les moltes coses que encara em quedaven per fer.

Ja portava uns quants mesos vivint a l'Índia i les experiències que havia viscut en tant poc temps em semblaven tantes, que tenia la sensació que havien passat anys. Els comerciants de les paradetes ja no m'ensarronaven tan fàcilment: vaig convertir-me en un veritable expert del regateig.

Coneixia el nom dels barris, els ubicava al mapa i tenia al cap les referències urbanístiques i geogràfiques d'aquell laberint que era Bombai.

—Has de treballar menys i gaudir una mica del temps lliure —van dir-me alguns professors que donaven classes als garatges de les que ja eren diverses casetes que havíem llogat a la urbanització.

Una tarda, i després de la seva insistència, vaig acceptar la invitació de donar una volta amb ells per Liking Road, a Bandra, un carrer de Bombai farcit de comerços. Anar de compres mai no havia estat la meva activitat preferida. Tampoc no m'entusiasmava la idea de perdre tantes hores de feina per visitar botigues, però no podia negar-m'hi.

Vam entrar en una parada de roba d'home, plena fins al sostre de prestatges atapeïts de vestits de boda i turbants amb perles de plàstic i pedreria daurada.

A la vista del comprador hi havia desenes de *punjabi kurta* o *punjabi pijama*, un vestit típic per als homes. Tot i que la majoria em semblaven massa ostentosos, alguns eren especialment bonics, de sedes salvatges i teles damasquinades.

—T'agraden? Són bonics, oi? —deia l'Atul, mentre mirava compulsivament les etiquetes dels preus.

—Són preciosos, sí. Però mira quins preus. És impossible de comprar-ne cap. Mira aquest, tres mil rupies, això són... Seixanta euros! No m'ho puc permetre, és caríssim! —els deia esgarrifat pels preus, que suposaven l'equivalent al lloguer mensual d'una de les casetes. Coneixia el meu sou i el d'ells. I sabia que cap de nosaltres no s'ho podia permetre.

—Digues quin t'agrada i et farem una foto amb ell; te'l poses al damunt i et farem la foto.

Semblaven encantats amb aquella ocurrència, i van encomanar-me el seu entusiasme.

Vaig escollir el que va semblar-me més bonic i discret, de color bordeus. El coll tenia una pedreria que passava inadvertida i, al mateix temps, li atorgava un aire solemne.

—Igual que un maharajà! —exclamaven entre aplaudiments.

Van exaltar-se els ànims i van entestar-se que me l'emprovés amb un *dupatta* beix i ribetejat amb el mateix color del *punjabi*. Però el dependent deia que allò no es podia vendre conjuntament, ja que aquell mocador allargat formava part d'un altre conjunt. Això no obstant, ells insistien amb el *dupatta*. La rotllana de persones que va formar-se al voltant era cada vegada més gran i tots ens vam posar a riure. Finalment van aconseguir-ho: van poder fer-me la fotografia.

Vam sortir contents d'aquells grans magatzems, on el més barat equivalia a algunes despeses que, per a mi, ara eren enormes i em suposaven mil i un esforços.

La setmana següent va ser divertida, ja que vàrem organitzar torneigs de *carom* per als nens amb trofeus inclosos i, a més a més, vaig començar a muntar-los unes sessions de periodisme.

Amb els més grans crearia una revista, el *Kartika Home Times*, on publicarien els seus articles i farien entrevistes als professors. Vaig pensar que aquesta activitat estimularia les seves dots imaginatives i els mouria a relacionar-se millor entre ells, fet que es va poder veure clarament amb el temps, quan van començar amb els «consells de redacció» i, a poc a poc, varen anar perdent la vergonya i compartint discerniments d'una loquacitat prodigiosa.

Un dia d'aquella setmana, en acabar les classes, vaig tornar a casa (encara era la d'un dels mestres) per tal d'estudiar l'hindi amb tranquil·litat. Quan vaig obrir la porta del meu dormitori, vaig endur-me una sorpresa molt agradable. Al damunt del llit, posat com en un aparador, hi havia el mateix *punjabi kurta* bordeus amb el *dupatta* beix. Al costat, una nota deia:

Moltes gràcies pel que fas per nosaltres.

Professors i personal de Kartika Home.

Tots ells havien estalviat una part dels seus primers sous i havien reunit els diners necessaris per poder pagar aquest vestit, amb un esforç grandiós. No cal dir com va arribar a emocionar-me el seu gest. El seu agraïment no tenia límits. ¡Quantes lliçons de generositat m'estaven donant i de quina manera Déu em recompensava!

12

Aprenentatges

> Ets els producte del teu entorn. Per això no pots veure res que sigui fora dels teus costums i de les convencions socials de les quals estàs impregnat. Si vols veure-hi més enllà, allibera't abans de la teva manera habitual d'interpretar els fets.
>
> SWAMI PRAJNANPAD

Els dies passaven entre alegries i decepcions, entre pensaments d'esperança i números vermells. La contradicció que caracteritzava aquell país també m'acompanyava en la rutina. Un dia semblava que tot rutllava i, l'endemà, tot eren traves i impediments.

Vaig poder llogar una altra de les casetes de la urbanització per a mi. Hi havia moltes rates i no era precisament allò que se'n diu ideal, però amb el meu matalàs a terra i una taula per treballar, ja en tenia prou. Tenia vàter en lloc de comuna, cosa que, per a mi, era tot un luxe.

No tots els veïns veien amb bons ulls que un blanc començés a viure a la urbanització, i encara menys que contribuís a omplir-los la zona de nens intocables.

En moltes ocasions em molestava profundament que tinguessin aquesta impressió de mi, que qüestionessin la meva honradesa professional o les meves intencions envers el seu país. Però després recordava el tracte que dedicàvem als immigrants en molts indrets d'Europa i havia de tancar la boca.

De vegades, hauríem d'imposar-nos més coherència a nosaltres mateixos. Diem que volem ajudar els països en vies de desenvolupament, però mirem amb menyspreu el senegalès que dorm al portal de casa.

Al juny, el cel va esclatar i van caure els primers monsons. La urbanització va inundar-se i durant una setmana els nens ni tan sols no van poder sortir als garatges per assistir a les classes. Era un deliri constant de pluja a bots i a barrals.

Sovint sortia corrent del despatx per veure els menuts. Ara, el meu «efecte Duracell» ja no era un àlbum de fotografies, sinó ells, que eren allà, en ple monsó, regalant-me escalfor i afecte amb el sol dels seus somriures.

Cada dia estimava i admirava més aquells herois que havien sabut anar més enllà de les seves pròpies tragèdies, que obrien els braços als nostres i es deixaven ajudar. Amb ells aprenia a ser més generós, a estimar sense límits, a donar sense esperar res a canvi, a tenir un sentiment de la paraula sòlid i arrelat, a apreciar les petites coses de cada dia, a escoltar, a observar, a mirar.

No sempre hi havia corrent elèctric, i de vegades els veïns robaven l'aigua del tanc individual que teníem a sobre de cada caseta. Passàvem dies sencers sense llum ni aigua.

Vaig adonar-me de les comoditats d'Occident que s'aprecien com a aspectes del tot normals. Encendre un ordinador o tenir un petit aparell per als mosquits eren, habitualment, veritables utopies en aquella urbanització.

Tot i amb això, havia de continuar portant els temes promocionals i legislatius a Espanya des de l'orfenat. De vegades, fins i tot va haver-hi algú que va queixar-se d'haver trigat tres dies a rebre la resposta a un correu electrònic. ¡Si sabessin que enviar aquell correu electrònic implicava anar fins al cibercafè més proper, que era a una hora de l'orfenat, amb el benentès que no s'hagués inundat!

Es feia fosc aviat i estava sol enmig d'aquella urbanització perduda en una vall a dues hores de la ciutat. Acostumava a ficar-me al llit a les vuit i aprofitava per llegir algun llibre amb la llum de les espelmes. Els mosquits em cosien a picades i el soroll de les rates era una cosa normal. Hi havia nits en què alguna cobra voltava per les casetes. En una ocasió vàrem descobrir-la l'endemà, després que hagués passat tota la nit a sota d'un sofà, al costat d'on dormien algunes de les nenes.

Malgrat aquests inconvenients, va costar-me molt poc acostumar-me a la solitud d'aquell orfenat enmig d'una zona rural. Vaig aprendre a conviure amb la natura, a observar-la, a escoltar-la, a emocionar-me amb el moviment elegant dels arbusts al compàs del vent i amb el concert dels grills en anar a dormir, a assossegar la vista amb la bellesa de la posta del sol i a refrescar-me les mans amb la rosada del matí. Descobrir-ho i saber-me part d'allò, va ser indescriptible. Estem envoltats d'un miracle constant, i som cecs al seu davant.

Els aspectes burocràtics, en canvi, sí que eren un malson. Cada trenta dies havia de fer llargues cues per pagar, sempre al comptat, la llum, l'aigua i les despeses mensuals de les casetes i de moltes altres coses. El correu trigava una eternitat i sempre sorgien complicacions noves. Allà vaig desenvolupar la paciència i vaig aplicar el sentit de l'humor. Eren imprescindibles per sobreviure.

Una vegada van trucar-me de duanes. Havien enviat des d'Espanya unes caixes enormes amb llibretes per als nens.

Quan vaig anar-les a buscar, aquells homes van demanar-me diners. No vaig voler pagar el que m'exigien; sabia que aniria directament a les seves butxaques. Van fingir que no em veien, i cada vegada que intentava dirigir-m'hi, se'n fumien tot dient que havien sentit un soroll i, entre ells, es preguntaven què podria ser. Vaig passar-me nou hores assegut al terra d'aquella oficina cantant i recitant poemes com un boig. Finalment, suposo que per no haver d'escoltar més les meves cançons, van lliurar-me les caixes. Estava aprenent a prendre'm cada una d'aquelles situacions amb el màxim optimisme possible.

Amb el temps, també vaig anar conreant trencalls i sortides elegants per tal d'agilitar els tràmits al màxim. Encara que, naturalment, no tots els policies de l'Índia són corruptes. Per sort, cada vegada hi ha més persones amb un concepte de l'ètica molt més assentat a la seva consciència i amb un sentit del deure envers els ciutadans del seu país realment exemplar.

Crec que, en general, les ONG hauríem de deixar de jutjar les accions dels governs i de les corporacions. Moltes vegades, les crítiques estan justificades i són del tot necessàries per tal de trencar barreres que durant anys han limitat els drets del ciutadà, però només s'haurien d'admetre en aquells casos en què s'ofereixin alternatives, veritables solucions als problemes que estan lapidant.

És cert que, en el seu dia, moltes entitats no lucratives que avui treballen per al bé dels altres, van haver de sorgir perquè, lamentablement, en aquell moment els governs no varen exercir bé els seus deures amb el poble. També ho és que la manca de vocació de servei i de sentit comú en l'àmbit polític ha convertit en una necessitat l'existència d'organitzacions que dediquin el seu temps a causes justes. Ara bé, penso que va essent hora que aquestes mateixes entitats propiciem els vents de canvi bo i començant a donar una oportunitat. Si més no, en l'àmbit geogràfic que jo conec, és important valorar el paper de persones que comencen des del principi en un govern ja creat, que han aterrat recentment en esferes polítiques i s'han topat amb «col·leccions» senceres de funcionaris octogenaris amb tirada als moviments monetaris poc transparents.

És positiu i convenient en molts casos —en d'altres, és del tot necessari— no perdre energies tot criticant aquests governs, sinó aplicar-les a mantenir-se al seu costat per tal de sumar sinèrgies i satisfer, plegats, el desig de qui importa més: el ciutadà.

Aquí entra en joc, una altra vegada, la paret blanca: no perdem tant de temps en discutir com pintar la paret i pintem-la.

Un dia, aprofitant que hi havia corrent elèctric, vaig començar a introduir a l'ordinador tots aquells números que començaven a quadrar. ¡Encara podríem acollir més nens, i potser portar-los a escoles bones!

De sobte, el timbre va començar a sonar amb insistència. Vaig baixar les escales tan de pressa com vaig poder, pensant que potser es tractava d'una emergència als *slums*.

Quan vaig obrir la porta, un home gran i alt, d'uns cinquanta anys, va mirar-me de dalt a baix amb rostre inexpressiu.

—En Jaume *sir*, viu en aquesta casa? —va preguntar-me en hindi.

—Sí, sóc jo —vaig respondre-li amb el mateix idioma.

Va tornar a mirar-me de cap a peus, ara amb una expressió de menyspreu:

—No toqui el que no s'ha de tocar i torni a la seva terra. No necessitem ajuda. Deixi'ns en pau i no ens ompli aquest barri de púrria.

Abans de tenir l'oportunitat de rèplica, va escopir-me a la cara i va quedar-se immòbil al meu davant. Vaig apartar-me la saliva del rostre i vaig observar-me el palmell de la mà.

—Aigua per a l'esperança —vaig respondre-li, sorprès amb la meva reacció.

Potser estupefacte per la meva parsimònia, va girar cua i va tocar el dos. Vaig tornar a entrar a casa pensant com podia ajudar aquest home si alguna vegada tornava a veure'l. Com podria contribuir a fer-lo més feliç? La seva actitud demostrava clarament que no ho era.

Al davant d'aquelles mostres de refús que rebia per no voler intocables i castes inferiors al seu barri, em vaig proposar d'anar-me guanyant a poc a poc el cor d'aquelles persones que mostraven tanta oposició.

No hi ha enemics. Un enemic és un amic que necessita la nostra ajuda. Si l'ajudem, guanyarem dues coses: una altra persona feliç al món i un amic més.

13
The Spanish Robin Hood

La força no ve de les capacitats físiques.
Ve d'una voluntat invencible.

GANDHI

Les classes d'hindi anaven progressant. I el meu accent, també. Els nens se'n reien molt cada vegada que deia frases en la seva llengua i m'imitaven. Després, ells aprenien expressions en castellà i jo també els imitava. ¡Se'ls veia tant contents i feliços! Ja eren cent! I seixanta menuts més de les zones properes que venien cada dia als garatges per tal d'assistir a les classes. En total, ¡cent seixanta nens beneficiats!

El primer que vaig aprendre en hindi va ser la frase «Jo no sóc d'Alibag». Alibag és un poble que hi ha més al sud de Bombai, i els seus habitants són titllats de poc intel·ligents, sobretot pels ciutadans de la capital. Mai no he sabut l'origen d'aquesta mofa perquè, a més, Alibag té una platja realment bonica i els seus habitants són molt desperts.

Aquella frase, que venia a ser una mena de «a mi no em prenguis per burro» em servia enormement durant el regateig habitual de les compres. De vegades —la gran majoria—, veure un blanc significava feixos de diners a la butxaca, cosa que no era gens certa en el meu cas.

Als nens els feia moltíssima gràcia la meva sortida, i durant els nostres primers campaments a Khandala, uns turons preciosos situats a unes quantes hores de Bombai, em feien dir-ho al primer que trobàvem.

També vaig aprendre a parlar anglès amb accent hindi perquè, sinó, no hi havia manera que m'entenguessin. Afortunadament, el meu nivell d'anglès ja era alt, de manera que vaig tenir pocs problemes per fer-me entendre.

A algunes ambaixades estrangeres va arribar-los la notícia que un espanyol estava ajudant uns nens de zones de *slums* i vàrem començar a rebre trucades i invitacions a sopars, que jo declinava amablement.

Un bon dia va telefonar-me la Nadine, que treballava a l'ambaixada francesa:

—Jaume, aquesta nit hi ha un sopar molt important a l'hotel Taj Mahal. M'hi han convidat. Vine, hi haurà gent molt influent a la ciutat i t'interessa conèixer-los.

—Recorda que no acostumo a anar a restaurants cars, encara que m'hi convidin. A més, no em ve gens de gust. ¿Tu creus que val la pena? ¿Creus que aquesta mena de gent ens ajudarà?

La Nadine, no gaire convençuda, va fingir estar segura de la seva resposta:

—És clar que sí!

Aquella gent no m'agradava: pertanyien a aquell sector de la societat índia amb el qual no m'hi sentia gens còmode. Indiscrets, arrogants, creguts, molt desagradables i grollers, una cosa molt allunyada del concepte d'educació discret i gens ostentós amb el qual vaig créixer i amb el qual m'agrada d'educar els nostres nens. Això no obstant, tenia raó: potser podrien ajudar.

A l'àpat de l'hotel van assistir-hi unes trenta persones. De les parets, fetes amb fusta de sàndal polida, en penjaven olis amb retrats de maharajàs que, temps enrere, eren els visitants habituals de l'hotel.

Com que no tenia vestuari apropiat per anar a aquell sopar, vaig posar-me, és clar, el *punjabi kurta* bordeus que m'havien regalat els professors feia uns quants mesos.

L'amfitrió, un multimilionari indi propietari d'una cadena d'empreses el nom de la qual prefereixo no anomenar, se'm va apropar mentre un majordom convidava els presents a trobar el seu lloc a la taula.

—I vostè, qui és? Treballa per a alguna ambaixada? —va preguntar-me inquisitiu.

—Em dic Jaume Sanllorente. Treballo per als pobres de Bombai.

La rialla ostentosa d'aquell home va ressonar per tota l'estança, un compartiment privat en el millor restaurant d'aquell hotel.

—Doncs aleshores, deuen pagar-li una misèria! —va sentenciar sense deixar de riure i, fins i tot, arrancant aplaudiments entre alguns dels presents.

La Nadine va mirar-me avergonyida. I no era per menys. No només m'havia dut a aquell sopar a l'altre extrem de la ciutat amb gent que no tenia res a veure amb mi, sinó que ara tots se'n reien.

Malgrat tot, el sopar va ser força distret. L'amfitrió va asseure'm al seu davant, i el to de la conversa va ser relativament distès. Van parlar de les inversions del departament de turisme suís a l'Índia, del poder hipnòtic de grans dictadors de la història o, fins i tot, dels canvis en l'economia mundial com a conseqüència de l'11-S.

Reconec que alguns dels temes que van sorgir eren interessants i moltes de les seves bromes eren enginyoses, però vaig passar-me tot el sopar seriós i sense badar boca. Fins i tot si en algun moment hi havia alguna cosa que em feia riure, em contenia amb totes les meves forces. La Nadine em donava copets per sota de la taula, sense entendre l'exageració del meu gest impertorbable.

Al final del sopar, quan alguns convidats ja van començar a marxar, aquell home se'm va apropar intrigat i, amb una veu una mica menys estrident que al començament, va preguntar-me:

—Pot saber-se perquè ha estat tan seriós durant tota la nit? Que potser no li ha agradat el menjar?

—El menjar m'ha encantat. Era deliciós. Moltíssimes gràcies —vaig dir-li sense gaire entusiasme.

—Aleshores, per què ha estat tan seriós?

La Nadine va arquejar el coll cap a un costat plena de curiositat i l'amfitrió panxut va palplantar-se'm al davant, esperant les meves paraules.

—Veurà... —vaig respondre—. Abans de sopar vostè m'ha dit que els meus caps, els intocables de Bombai, em devien pagar una misèria; ¿com podria ser descortès amb vostè, mostrant-li misèries durant un sopar al qual m'ha convidat tant amablement?

Aquell comentari, que va sortir-me de ben endins, va fer que diversos dels convidats que ja eren a la porta, es tombessin.

Segons sembla, aquesta no fou l'única reacció. L'endemà, l'empresa d'aquest home va enviar-me una nota signada per ell a l'orfenat:

Accepti les meves disculpes i lliuri això als seus caps.

La nota anava acompanyada d'un xec, el reemborssament del qual va servir-me per comprar tres canvis de roba per a tots els nens, inclosa la roba de pluja per als següents monsons.

Aquella mateixa setmana van arribar ajudes d'alguns dels convidats de la casa que havien sentit el comentari o que l'havien sabut per boca dels presents. Una setmana més tard, una redactora del *The Times of India* publicava un article titulat «The Spanish Robin Hood» on es desfeia en lloances sobre el projecte —segons la meva humil opinió, exagerades—, i que va resultar molt beneficiós per poder-lo fer avançar.

14
Presagis divins

La caritat no és una solució a la pobresa: només la perpetua bo
i despullant les persones pobres de la seva iniciativa.
Ens permet prosseguir amb la nostra vida sense haver de
preocupar-nos per la de les persones pobres.
Només serveix per aplacar les nostres consciències.

MUHAMMAD YUNUS

L'educació és, segons el meu punt de vista, l'única clau que tindran els pobres i els intocables de l'Índia per obrir les portes de la seva llibertat i abandonar l'esclavatge de la ignorància.

Als primers treballadors indis que vam incorporar a l'equip, especialment a les noies que netejaven l'orfenat i a les cuineres, sempre els vaig garantir, a més del sou, el pagament de l'educació dels seus fills. Vaig pensar que, tot i que els oferís salaris bons, si els seus fills no estudiaven, mai no tindrien l'oportunitat de ser les «tisores» que tallessin definitivament el cercle viciós de la pobresa al destí de les seves famílies.

L'única escola pública que hi havia a Vasai estava feta amb les quatre parets de fang que formaven una petita estança d'uns deu metres quadrats. L'altra escola de la zona era un centre privat, la matrícula del qual suposava un dineral per als milers de famílies que habitaven la vall i que amb prou feines podien permetre's el luxe de donar alguna cosa per menjar als seus fills.

Gràcies a la generosa donació de l'empresa americana Network 21 vam poder crear l'escola Diplomatic School, una escola gran, preciosa, aixecada amb materials sòlids en uns camps situats just al davant de l'orfenat, on abans no hi arribava ni l'aigua ni la llum.

L'equip d'enginyers i d'arquitectes de l'empresa supervisava setmanalment el procés de construcció i, dia a dia, ens asseguràvem que tot estigués en ordre. El cert és que, tenint en compte l'habitual lentitud de moltes coses al país, aquella edificació fou de rècord Guinness.

A la recta final de les obres vàrem començar a organitzar-nos per torns per anar cada dia a diferents racons de la zona i donar a conèixer l'escola i la seva propera obertura.

Tot i que vàrem establir unes tarifes oficials, lògicament, les famílies pagaven el que podien. Fixar les quotes era important, perquè a ningú no li agradaria admetre que el seu fill anava a una «escola per a pobres». Fer-los veure que l'educació era una cosa valuosa, també era fonamental. Així, doncs, tant la publicitat i les pancartes que vàrem distribuir pels voltants com la infrastructura de l'escola estaven al mateix nivell que un centre d'elit. No pel fet de tractar-se de nens de famílies amb pocs recursos mereixien una educació de tercera.

El mateix passava amb la roba esparracada i feta malbé que rebíem d'Espanya. Si vèiem peces exageradament brutes i estripades, jo mateix m'encarregava, directament, de tornar-les a llençar. Dóna allò que li posaries al teu fill, no donis allò que ell mai no faria servir. La paraula «caritat» sempre m'ha provocat un cert refús. La caritat suposa la inferioritat de qui és ajudat. La paraula «ajuda», en canvi, implica igualtat.

L'escola tampoc no era una excepció. Aquells nens havien de rebre la mateixa educació que el meu pare hauria desitjat per a mi, o que jo desitjaria per als meus fills. Sinó, no serviria de res.

A poc a poc vam anar omplint l'escola d'alumnes i els primers mesos ja hi havia gairebé cinc-cents nens que venien a classe.

La posada en marxa del centre va ser difícil. Era enormement complicat organitzar els registres des del començament i ordenar adequadament les altes. No era gens senzill, si tenim en compte que la majoria del personal contractat mai no havia fet servir un ordinador ni estava acostumat a treballar sota pressió. Amb tot, sempre vaig preferir contractar personal local per formar-lo, abans de portar voluntaris estrangers, ja que això priva els habitants necessitats de l'oportunitat d'aprendre i de desenvolupar-se adequadament en el camp laboral.

En molts casos, el voluntariat és fantàstic i és una gran contribució per a la feina de camp. En d'altres, és una veritable nosa. Des del començament vaig tenir clar que volia potenciar les habilitats del personal local i, d'aquesta manera, plantar les llavors per tal que aquestes mateixes persones les anessin convertint a poc a poc en exemplars forts de gran competència professional.

En aquells dies també va servir-me de molt el fet d'haver realitzat les pràctiques de periodisme a les ràdios. Allà, si entrava una nota d'una agència, les notícies s'havien de redactar immediatament per poder-les radiar. Els dies de registres i matrícules a l'escola equivalien a deu emissores juntes, amb l'agreujant dels talls de llum continus.

L'escola, a més, era una torre de Babel cada dia més gran. Molts nens venien de famílies que acabaven d'immigrar a Bombai, procedents de zones del nord, de manera que només parlaven urdu. El personal de la secretaria parlava anglès i marati. Jo mateix parlava anglès i hindi. De manera que teníem moltes llengües en una sola estança, però allà no hi havia manera d'entendre's.

Moltes de les mares que venien portaven burques negres i amb prou feines ensenyaven els ulls; quan parlaven amb mi, mai no em miraven directament. Vaig aprendre la tàctica de dirigir-m'hi sense mirar-les; sinó, s'ho haurien pogut prendre com una ofensa i no podia córrer aquest risc perquè m'estava costant molt d'esforç que duguessin els seus fills a un centre escolar.

Aquells dies també vaig començar a descobrir mirades que no m'agradaven del personal de l'escola cap a les mares musulmanes; tampoc no m'agradaven gens ni mica els comentaris que sentia a l'atzar. Això no obstant, vaig preferir esperar-me.

Tot i les múltiples traves d'aquestes primeres setmanes, no ens podíem pas queixar de la rapidesa amb què s'havia començat a desenvolupar l'escola. Les famílies cada vegada hi confiaven més i vàrem anar millorant les tècniques per controlar l'absentisme, que durant els primers mesos havia estat alarmant. Vàrem destinar una persona per tal que visités immediatament la casa dels nens si passaven dos o tres dies sense cap notícia o justificació de per què no anaven a classe. En molts casos, el motiu era la construcció d'un edifici en algun indret a prop de casa seva, de manera que el pare posava tots els germans —que podien tenir fins i tot tres anys— a treballar a l'obra. Quan vàrem millorar aquest aspecte, les coses van anar sobre rodes.

Tot i amb això, sempre caldrà estar atents. Per a una família, educar-li el fill, tot i sigui de manera gratuïta, suposa privar-la d'un sou a casa. I això, naturalment, no sempre és benvingut.

Els primers mesos vaig anar memoritzant els noms dels alumnes nous. Cada matí entraven amb els seus uniformes preparats per rebre una lliçó nova i mirant tots els professors amb ulls espantats.

També vam anar ampliant el nombre de mestres, a qui, a més a més, havíem de pagar bé; en cas contrari, se n'anirien a d'altres escoles més cèntriques de Bombai, on es cobraven sous millors. I com que desitjàvem una educació de primera per als nens, els seus professors, lògicament, havien d'estar a la mateixa alçada.

Com a director del centre vàrem posar-hi en Sujit, que ja era a Kartika Home quan vaig conèixer l'orfenat, i també vaig contractar la Sharmila, la seva esposa, que em feia de secretària.

Kartika Home també va passar a tenir un director de logística; d'aquesta manera, l'escola i l'orfenat podrien funcionar independentment.

Em portava molt bé amb els alumnes que començaven a venir. El primer mes vaig conèixer en Ramesh, que amb set anys, n'aparentava dotze. No era habitual veure un nen tan robust en aquell conjunt, on la majoria eren més aviat escardalencs.

En Ramesh em va caure molt bé i jo, segons sembla, també li vaig caure en gràcia. Cada matí, abans de començar les classes, endrapava un *vada pav* a la cantina que havíem posat a l'entrada. I jo, que acabava d'esmorzar a Kartika Home, feia lloc per posar-n'hi un altre.

La família del Ramesh vivia en una barraca a uns deu minuts de l'escola. Tant ell com els seus dos germans sempre anaven impecables, i els seus uniformes, comprats amb les donacions del cada vegada major nombre de socis de Catalunya, estaven perfectament polits.

En Ramesh era com molts d'aquells nens que venien cada dia a estudiar: alegre, simpàtic, bromista i, també cal admetre-ho, força trapella. Un dia va aparèixer plorant a crits. No podíem calmar-lo de cap manera ni treure cap conclusió de què havia succeït. Potser havia passat alguna tragèdia a la seva família. Quan estàvem a punt d'anar-nos-en a casa seva per esbrinar-ho, en Ramesh va fer un esforç per calmar el plor desconsolat i, entre sanglots, va mormolar:

—És que he perdut el mitjó...

Vam mirar-li els peus: en un vàrem veure-hi un mitjó blanc i, a l'altre, lògicament, res. Tant als professors presents com a mi, va entrar-nos un atac de riure que va durar uns minuts.

En Ramesh no volia que cap alumne del centre el veiés sense mitjó i vam haver d'amagar-lo al despatx fins que van portar-ne un altre parell de l'orfenat. Va divertir-me molt veure'l tan convençut i amb aquella desimboltura, organitzant-nos a tots per tancar la porta a temps cada vegada que passava un company per allà i poder fer, finalment, la seva entrada triomfal a la classe amb el seu parell de mitjons.

Alguna cosa va passar amb l'expedient del Ramesh. Feia setmanes que no trobàvem enlloc els papers de la seva matriculació. Ni a la sala de professors, ni als magatzems. La seva fitxa havia desaparegut.

Un dilluns assolellat de novembre, la meva secretària Sharmila va entrar corrent a l'oficina amb el rostre desencaixat:

—M'acaben de donar una notícia escruixidora! ¡Ha passat una cosa terrible! És en Ramesh, senyor. Han trobat el seu cos surant en una bassa de Vasai.

Pel que sembla, en Ramesh havia desaparegut el diumenge i la seva família l'havia trobat mort aquell mateix matí. Tot apunta que una serp va picar en Ramesh mentre passejava pel camp, i això va portar-lo a capitombar fins a caure a l'aigua.

Imaginar el cos del meu amic Ramesh i saber que era mort, quan havia estat fent bromes amb ell no feia ni dos dies, era dur. Vaig anar cap a casa seva i la resta, per desgràcia, és fàcil de suposar. La convivència amb la mort va convertir-se en una cosa habitual. Durant el poc temps que havia estat a Bombai, ja havia vist morir diversos nens.

L'escola Diplomatic School anava cada vegada millor i el nombre d'alumnes augmentava. Un bon dia va tornar-me a telefonar en Vinay Somani, de Karmayog, la primera persona que va parlar-me de Kartika Home, durant el meu viatge, i que ara ja quedava molt lluny entre els records.

En Vinay va comentar-me com n'arribava a estar de satisfet en veure que la seva decisió de passar-me el contacte de l'orfenat estava donant bons fruits, i va aprofitar per anunciar-me l'existència d'una escola en situació crítica.

S'anomenava escola Yashodhan, i era als turons de Shatri Nagar, en una zona a l'oest de Thane, als afores de Bombai, on les extensions de barraques s'alcen fins al cim de les muntanyes.

L'escola acollia 500 nens d'entre tres i divuit anys que provenien d'aquell *slum*. Les seves famílies eren molt pobres i, si hom no feia res per evitar-ne el tancament, tornarien als carrers sense cap altre futur que fer de captaires. Per tant, vaig decidir tornar a agafar les regnes com quan vaig conèixer l'orfenat de Kartika Home.

Aquesta vegada la situació era semblant i, en alguns instants, vaig tenir algun *déjà vu*. Els ajudaria: no permetria que aquell centre desaparegués, en sufragaria els deutes, carregaria amb els sous dels professors i aconseguiria que aquelles 500 persones, els adults del demà, tinguessin un futur.

El dia que van convidar-me a Yashodhan per celebrar la meva decisió, va succeir una cosa màgica. Els hinduistes creuen que quan plou fora de l'època del monsó és perquè el cel està indicant presagis favorables i vol donar a entendre que s'acosten bons temps.

El destí va voler que, en el precís moment en què vaig arribar a la placeta on hi ha la porta de l'escola, comencés a ploure, tot i que érem al mes de maig, l'època més seca de l'any.

La gent, que fins aquell moment es limitava a observar, va començar a exclamar, plena de gaubança, paraules d'alegria. Moltes persones se'm van llençar als peus o van acariciar-los i, a continuació, es van posar les mans a l'alçada del cor. Eren les mares dels estudiants de l'escola, algunes de les quals no podien reprimir els plors. Això no obstant, eren llàgrimes alegres, de felicitat. Llurs menuts continuarien estudiant.

Al meu pas, nenes i nens llançaven pètals taronja des de les teulades; a més, les portes de cada casa de tots els carrers del poble havien estat ornamentades amb *rangolis*, uns dibuixos preciosos fets amb pols d'arròs que es posen a les llars durant les celebracions per tal de foragitar els déus dolents i donar llum als bons.

—Ara mateix —em deia el director de Yashodhan—, tu ets el seu déu.

Mentre les tres bandes del poble es desmarxaven amb les percussions sonores i centenars de persones es donaven empentes per poder tocar-me els peus, va assaltar-me una certa sensació d'incomoditat. No em mereixia aquell tracte: em limitava a ajudar, una cosa que ens pertoca a tots i cadascun dels éssers humans.

Aquella mateixa nit vaig escriure a un amic una carta que encara recordo:

«Aquí, o bé em veuen com un enemic a qui cal escopir, o bé em tracten com un mig déu. I cap de les dues coses no resulta còmoda per a una persona de trenta anys. ¿On és la normalitat? ¿On és aquell noi de Barcelona que vosaltres coneixeu? Suposo que adaptar-m'hi forma part d'aquesta lluita, i no tinc cap altre remei».

Amb el temps, efectivament vaig acostumar-me a tot allò, i vaig adaptar-me gradualment al meu nou paper.

15

El Déu de tots

Només hi ha un Déu. I no és enemic de ningú.

Gurú nanak

Aconseguir els permisos necessaris per a Yashodham no va resultar gens senzill. Vam trigar un any per aconseguir que concedissin totes les autoritzacions imaginables des de Delhi, fins i tot el permís FCRA, que autoritza un centre indi a rebre ajuda exterior.

A l'Índia, ésser orfe de pares s'entén fàcilment, però ésser orfe de religió és inconcebible. Tots els professors de l'escola Yashodhan eren hinduistes, igual com gran part dels alumnes. Una de les meves obsessions era, precisament, respectar la religió de tots. Perquè hom ajuda des del respecte; mai des de la imposició.

Quan vàrem obrir l'escola Diplomatic School, vàrem decidir que el centre respectaria la religió de cada alumne. Tot i que els nostres millors professors eren cristians, l'escola oferia classes d'ètica i de conducta, i respectaria del tot les creences que es transmeten de pares a fills en cadascuna de les llars. Allà van sorgir les primeres topades amb professors cristians i els recels entre ells.

Encara que el 80 % dels indis són hinduistes, a Bombai hi coexisteixen més religions, algunes de les quals tenen, fins i tot, més presència que en altres contrades del país. Suposo que es deu a l'herència del colonialisme britànic —cristià— i a la permanència d'ordres religiosos installats al país que van començar obrint centres educatius de pagament a la ciutat de Bombai.

Al llarg de la història i en diferents indrets del món, moltes congregacions han volgut fer el que sempre m'ha semblat una ajuda sota la coacció: «Jo t'ajudo, però tu aprens això que t'estic dient». No hi ha cap dubte que allò era l'últim que desitjava per al projecte. Al beneficiari no se li imposaria cap mena de condicionant. En primer lloc, perquè em semblava innocu. I, en segon lloc, perquè no pertanyo a cap ordre religiós. Per tant, no hi ha res a predicar.

Malgrat aquesta «ajuda condicionada» per part de certs sectors, hi ha un elevat nombre de religiosos que mai no han pretès canviar les creences d'aquells a qui ajuden i que, simplement, han estès la seva mà als qui més ho necessiten bo i seguint el dictat interior de les seves ànimes bondadoses, més que no pas seguint les obligacions imposades per les seves creences. Un bon exemple d'això és el pare Federico Sopeña, que és a Bombai des de fa molts anys, i a qui admiro profundament per la seva tasca encomiable en favor dels indígenes indis adivasi.

Aquelles topades amb els professors cristians d'Diplomatic School i el seu desgrat van començar en assabentar-se que la nova escola a la qual donàvem suport, Yashodhan, era hinduista, i que jo mateix era un defensor a ultrança del respecte ferm als codis i pautes religioses marcats per les famílies.

La religió és una opció personal i ha de néixer i morir en un mateix, sense voler ultrapassar els límits d'altres ànimes ni d'altres consciències.

Tot i que després del meu viatge a l'Índia ja havia llegit molt sobre les nombroses creences, religions i doctrines del país, ara m'adonava que era necessari tornar a prendre-hi contacte i dominar els protocols que hauria de seguir sempre en el moment de tractar amb cada religió.

Els hindús o hinduistes (per cert, als nadius de l'Índia no els agrada que s'anomeni «hindús» a totes les persones nascudes al país, que són indis, però no necessàriament seguidors de la religió hinduista) creuen en Braman, que és el déu de l'etern i de l'absolut. És a dir, Déu en majúscules. A partir d'aquí sorgeixen un seguit de manifestacions, que són la multitud de déus que adora aquesta religió. Habitualment, Braman es representa de tres maneres: Vishnú, Brahma o Shiva.

Vishnú és qui protegeix, qui porta tot el que és bo. Generalment el representen amb quatre braços que sostenen una flor de lotus (el món que es revela), un cargol (la vibració interna del qual és la mateixa que la del cosmos, d'on sorgeix tota l'existència), un disc i una maça (trofeu que va aconseguir després de vèncer Indra, déu de les batalles). Vishnú —el consort de la qual és Lakshmi— té, a la vegada, vint-i-dues reencarnacions, com Krishna o Rama.

Shiva és el destructor. Malgrat això, l'hinduisme creu que l'existència d'aquest va fer possible la creació. Precisament, la seva funció creadora la simbolitza el *lingam*, una representació fàl·lica venerada en nombrosos temples del país. Shiva, que té 1.008 noms, es representa també com el senyor del ioga, amb el cos ple de cendra i un tercer ull que simbolitza la saviesa. Al seu cos hi porta serps i cavalca amb el seu trident damunt del toro Nandi. La consort de Shiva és Parvati, que també pot adquirir diverses formes.

Els indis cristians desaproven del tot que els hindús venerin tants déus. I no són els únics que pensen així. Els sikhs tampoc no admeten la idolatria de tantes figures, tot i que són molt més respectuosos amb les creences hindús.

Hom calcula que existeixen uns 19 milions de sikhs a tota l'Índia. Són originaris del Panjab, al nord del país, on el gurú Nanak va fundar aquesta religió a finals del segle XV. El sikhisme va començar com una oposició al sistema de castes marcat per l'hinduisme i tenia com a objectiu el de conjuminar el millor de l'hinduisme i de l'islam. El text sagrat dels sikhs és el Guru Granth Sahib, i per a ells és fonamental la creença en una raça escollida de soldats sants, que es regeixen per un estricte codi de conducta moral.

Hi ha cinc *kakars* (emblemes i normes) que els agermanen: el *kesh* (barba sense afaitar i cabells llargs, que simbolitzen la immortalitat), el *khanga* (pinta per aguantar els cabells sense tallar), el *kaccha* (calçons que simbolitzen la modèstia), el *kirpan* (sabre petit o espasa que representa el poder) i el *kada* (braçalet metàl·lic que porten al canell dret i simbolitza la falta de por). No era gaire difícil reconèixer els sikhs, lògicament pel turbant, i a les llistes de l'escola sempre podia endevinar qui ho era pel cognom, ja que els seus noms acostumen a contenir el component *singh* (que significa, literalment, lleó). Els sikhs són excel·lents negociadors i grans empresaris.

També vaig començar a tenir algun amic jainista. Hom calcula que uns cinc milions de persones practiquen aquesta religió minoritària a l'Índia, que va fundar Mahavira (contemporani de Buda) el segle VI a.C. Els jainís o jainistes creuen que només es pot avançar si hom té l'ànima del tot pura. Prediquen la no-violència elevada a la màxima expressió. En molts casos, els jainistes porten unes escombretes petites per tal d'escombrar el camí per on van i, d'aquesta manera, evitar trepitjar algun animal. Fins i tot porten la boca tapada per no empassar-se accidentalment cap insecte ni arrabassar-li la vida.

Va cridar-me l'atenció l'augment de budistes entre les comunitats de dàlits (intocables). El nombre de seguidors de les doctrines de Sidharta va augmentar considerablement durant la dècada de 1950, i continua creixent en l'actualitat, sobretot entre els seguidors del doctor Ambedkar, un dels primers polítics indis que va jugar les seves cartes en favor dels dalits.

Ambedkar va convertir-se el 1908 en el primer membre de la casta Mahar, casta d'intocables procedents d'Andhra Pradesh, que va graduar-se a l'Elphinstine College de Bombai. El fet que un jove de la seva escala social obtingués aquesta fita en un centre acadèmic amb tant de prestigi, fou un esdeveniment extraordinari.

Després de graduar-se va viatjar als Estats Units, on va ingressar a la Universitat de Colúmbia per tal d'estudiar-hi economia. Posteriorment, va estudiar dret a Londres i va tornar a l'Índia el 1923, amb més de deu anys d'impecable formació a l'estranger. L'any 1935, després d'anunciar que «no moriria com un hindú», va començar a buscar una nova religió que no discriminés els drets de la comunitat dalit o intocable. Des d'aquell moment i fins a la seva mort el 1956, Ambedkar va explorar la possibilitat d'una conversió a diverses religions, entre altres, el sikhisme, l'islam i el cristianisme.

El 24 de maig de 1956, amb motiu de la festivitat de Buda i poc abans de la seva mort, el doctor Ambedkar va convertir-se al budisme. La cerimònia va celebrar-se a Nagpur i va comptar amb l'assistència de mig milió de dalits. La majoria dels assistents van convertir-se al budisme aquell mateix dia.

En realitat no posava objeccions a cap religió: les respectava totes i en totes hi veia alguna cosa bona. Els drames venien quan hi havia discussions entre ells. Durant la pugna, per raons alienes a les seves creences, sempre sorgia el tema de la religió. Podríem dir que, a l'Índia, les religions conviuen molt bé... sempre que estiguin juntes, però no barrejades.

Finalment, i per tal d'intentar calmar aquelles discussions, optava per fer-ne broma; naturalment, sense ofendre ningú. Si aquell dia la meva secretària, cristiana, em deia que anava a llegir la Bíblia per tal de trobar respostes als obstacles que teníem amb algun projecte, jo li demanava que també busqués algú per resar a Al·là, i a totes les divinitats hinduistes. I si falta gent —li deia—, aleshores doneu-me a mi el déu que «sobri» i jo li pregaré. Allò la descol·locava i, a poc a poc, amb bromes i diplomàcia, vaig poder calmar una mica l'ambient.

El mateix passava amb la paga doble: als hinduistes, per exemple, els la vaig començar a donar durant els Dilawi (entre octubre i novembre), mentre que als cristians, naturalment, ho feia per Nadal.

Paradoxalment, a mesura que la meva desconfiança en les religions anava augmentant, el meu nivell de connexió amb el fet diví, creixia. Cada vegada sentia amb més claredat l'existència de Déu. Sí, les meves experiències, bones i dolentes, van allunyar-me de les religions i m'aproparen a Déu. I és que no puc creure en religions en la mesura en què separen la humanitat.

Una vegada, un indi cristià enfurit va deixar-me anar:

—¿Com pot dir que respecta totes les religions, tinguin el nom que tinguin? ¿Oi que el seu pare només té un nom, i només té un pare? Aleshores, ¿com pot defendre l'existència d'un Déu amb diversos noms?

—Miri —vaig respondre-li—, jo dic que existeix un Déu. Els noms, els han posat els homes. És cert que només tinc un pare, però també ho és que vostè en té un altre, que no és el mateix, i això no significa que algun dels dos no mereixi el nostre amor.

Hi havia molts aspectes d'aquest país que anava entenent a poc a poc. Això no obstant, uns altres, tot i intentar conèixer-los, em continuaven semblant inexplicables. Així, que vaig arribar a la conclusió que la meva relació amb l'Índia era com la d'aquells marits eternament enamorats de la seva dona: la contemplen en tot i la consenten, però mai no l'acaben d'entendre. La meva relació amb aquest país és exactament la mateixa. Moriré estimant profundament l'Índia, però sense haver-la comprès del tot. Seria molt pretensiós pensar que, havent nascut a Occident i en una sola vida, puc assumir la profunda complexitat d'aquest indret.

Tot semblava anar bé fins que un dia, per sorpresa, l'amo d'una de les casetes que teníem llogades va donar-nos un ultimàtum: els nens haurien d'abandonar la casa pocs dies després. Se la venia, va dir-nos, i no li feia res que els menuts no tinguessin cap lloc per anar.

Aquella mateixa nit els nens van dormir a casa meva i jo vaig instal·lar-me al banc d'un dels jardins de la urbanització. Dormir sota aquella cúpula estelada bo i sabent que els nens estaven bé suposava un veritable regal.

Dormint al banc, vaig sentir un plor. Vaig veure l'ombra d'un home assegut al banc del costat; podia distingir-lo clarament sense que hi hagués més llum que el reflex de la lluna.

—Què li passa? —vaig preguntar-li.

—Estic acabat, vull morir-me...

Vaig apropar-m'hi i vaig agafar-li l'espatlla, tot tractant de consolar-lo, apropant-m'hi. El seu rostre em resultava familiar; segurament devia ser algú de la urbanització a qui veia cada matí.

—Puc ajudar-lo d'alguna manera? —vaig insistir.

—He hagut de tancar una empresa i estic arruïnat. Fa un any, la meva filla va anar-se'n a viure als Estats Units i va abandonar els nostres dos néts, i ara la meva esposa i jo en tenim la custòdia. No ens queda res, no sé com ens ho farem per tal que els nens segueixin estudiant...

Aleshores vaig explicar-li a què em dedicava i les escoles que dirigia. Vaig dir-li que no es preocupés, que faria tot el que estigués a les meves mans per tal d'ajudar-lo a sortir d'aquella situació i assegurar que els seus néts continuessin estudiant.

—Sé molt bé qui és vostè —va dir-me—; ¿no em reconeix?

Aquell home era el mateix que, uns mesos enrere, havia trucat a la porta de casa meva i m'havia escopit a la cara. Va agenollar-se i va continuar plorant desconsoladament. Vaig ajudar-lo a aixecar-se i vaig somriure-li. Avui encara somric quan recordo l'escena. Aquell home ara comptava amb ajuda, i tant ell com jo havíem guanyat un amic nou.

16

Tornar a la vida

Gran part de la feina per millorar la qualitat de vida dels malalts de lepra consisteix a construir les bases que millorin la seva posició a la societat.

Ramaswami Ganapati

En poc temps vaig patir diverses crisis d'asma greus. Els metges m'insistien que havia de frenar el ritme de treball.

Mentre m'atenien a l'hospital Holy Spirit del barri d'Andheri, algú em va reconèixer i va apropar-se'm a la llitera. Va comentar-me que un home que vivia en un *slum* proper es trobava en una situació molt difícil. S'havia quedat sense feina i tenia dos nens petits per mantenir.

Malauradament, vaig haver d'aprendre a dir que no, havent-hi com hi havia tantes persones necessitades a Bombai, i pel fet que l'entitat tenia uns recursos limitats. Havia hagut d'enfortir-me i donar molts no per resposta a mares desesperades de la zona de Kamathipura, que em posaven el seu nadó als braços per tal que me l'endugués lluny d'allà. No podíem arribar a tot. Tant de bo fos possible! ¡Tant de bo vinguessin més ajudes!

Tot i que, d'entrada, en aquella ocasió també vaig dir que no, feia setmanes que em queixava de la feina excessiva que se m'acumulava al despatx. Ens calia algú per fer les llargues cues als pagaments mensuals dels subministraments i els diversos encàrrecs.

—Que vingui a veure'm d'aquí a tres dies —vaig dir-li a aquella dona mentre m'apartava la mascareta d'oxigen i amb l'esperança que, en quaranta-vuit hores, m'haurien donat l'alta a l'hospital.

Tres dies més tard, un home menut i amb bigoti se'm va presentar a casa. Es deia Vinay i va mostrar-se disposat a treballar en allò que li manéssim per tal de poder tirar endavant els seus dos nanos.

Des d'aquell moment, en Vinay ha estat sempre al meu costat, de manera impecable.

Feia alguns dies, una periodista m'havia preguntat:

—Quan seran autosuficients, els intocables de l'Índia?

Jo li havia contestat amb una altra pregunta:

—Quan deixarem que ho siguin?

En Vinay era el millor exemple d'autosuficiència. Un home que amb prou feines havia portat sabates, que vivia en una barraca i que no havia tingut l'oportunitat d'anar a cap escola, ara podia complir amb una funció laboral que anava més enllà de recollir escombraries. Avui és un treballador excel·lent, capaç de moure's amb desimboltura en oficines governamentals i portar a terme perfectament tasques administratives.

Em cridaven moltíssim l'atenció els leprosos que hi havia a l'estació de Vasai Road, on agafava el tren per anar a les zones dels *slums* des de Vasai. La malaltia era palesa, però semblava que, d'alguna manera, el món l'oblidava, com si s'hagués extingit i no hagués de tornar mai més.

Ja feia dos anys que havia visitat una leproseria per primera vegada. Va ser en aquell mateix barri, a pocs quilòmetres del nostre orfenat. Tot i que coneixia força la ciutat i les seves realitats, la visió d'aquell centre no va deixar-me indiferent.

Més que l'aspecte d'aquells malalts, el que va impactar-me va ser la solitud i l'abandonament que vaig percebre als seus cors. Va entristir-me especialment el fet de veure alguns malalts molt joves amb una expressió desoladora, amb mirades sense vida, reclosos i apartats del món exterior.

La primera vegada que vaig entrar en una leproseria vaig tenir una sensació estranyíssima, que he experimentat molt poques vegades a la vida. Em sentia en un món a part, sense vida ni mort. No era ni el cel ni l'infern, sinó uns llimbs de silenci incòmode.

Entre les dues fileres de llits de ferro que poblaven la llarga estança, vaig fixar-me en una cara destrossada per la malaltia. Instintivament vaig apropar-me a aquell rostre, des del qual dos ulls humitejats m'observaven.

—Qui és aquest senyor?

—Es diu Kunal, té tretze anys. Els seus pares van abandonar-lo i vam trobar-lo, encara que la malaltia ja s'havia desenvolupat. Ara viu aquí i sembla que la lepra s'ha frenat. L'estem medicant amb politeràpia.

—Politeràpia —vaig repetir, adonant-me de fins a quin punt arribava la meva ignorància.

Va sorprendre'm el fet que les marques de la malaltia haguessin distorsionat el rostre d'aquell noi, alterant-ne fins i tot l'edat aparent.

Aquelles visites a les leproseries van anar augmentant; algunes, les feia amb persones acabades d'arribar de Barcelona, com la model Verònica Blume, una gran amiga del projecte, que va quedar molt impressionada amb aquesta realitat.

Després van venir uns mesos d'estudi de la malaltia, de consultes amb especialistes, missives a biblioteques, llibreries... Aquesta primera presa de contacte amb la realitat va fer-me descobrir que fins i tot en sectors mèdics, la lepra es considera una malaltia extingida. Però la realitat és que segueix en vigor amb intensitat, i que els casos de detecció tardana són alarmants.

El meu cap va començar a idear el projecte que, a poc a poc, va prendre forma de somni i va acabar convertint-se en realitat: «Tornar a la vida», dedicat a la reinserció acadèmica i laboral dels malalts de lepra i dels seus fills.

Començar un projecte relacionat amb aquesta malaltia significava ampliar el radi d'acció de l'ONG, que fins aleshores se centrava en els nens i la seva educació. Cada vegada que pensava que allò podria complicar molt les coses, em creuava, per atzar, amb algun leprós. Els observava i tractava d'apropar-m'hi i d'abraçar-los, de tocar-los d'alguna manera, per tal que deixessin de sentir-se menyspreats per un moment. Estaven dotats d'una bellesa que ningú no podia percebre.

Vaig passar-me alguns dies pensant en aquell noi en Kunal. ¿Què li esperava, fora d'aquella sala llòbrega plena de llits, quan els metges de la leproseria li diguessin que ja s'havia guarit? Com s'enfrontaria una altra vegada al món? ¿Com s'obriria camí enmig d'aquella societat que el refusaria sempre per dur la pell maquillada per la injustícia?

Per causa de l'estigma i la satanització que encara suposa aquesta malaltia en molts racons de l'Índia, a molts d'aquests malalts, després de guarir-se, les seves famílies els repudien i rarament cap empresari els contracta, perquè duen les terribles seqüeles de la malaltia als rostres i als cossos. No els queda altre remei que limitar-se a pidolar pel carrer i ser víctimes per sempre de la pobresa i de les mirades de menyspreu. ¿I què passa amb els «malalts passius», el futur dels quals, tot i que no a la seva pell, també es veu limitat per la malaltia? Aquest és el cas de molts fills de leprosos, refusats per les escoles pel fet de tenir els pares malalts i per por al contagi o d'altres temors provocats, només, pel mal de la ignorància.

En Kunal havia de tornar a la vida, deixar aquells llimbs on era per tal d'accedir a un estat millor i ser útil a la societat. Podria demostrar que era un arbre fort a un món que el tractava com si fos una mala herba.

El projecte ja estava ideat i preparat; ja era a punt per començar. Però ben aviat van començar els problemes. Va sorprendre'm el fet de veure tants prejudicis, tot i que el 70 % de leprosos del món viuen en aquest país. Fins i tot persones del meu equip a Bombai no van dissimular el seu refús envers aquests malalts i van advertir-me que es retirarien si l'organització donava suport d'alguna manera a pacients amb aquesta malaltia. Hi va haver veïns que s'oposaven a la idea que algun leprós visités les nostres oficines, mirades de desaprovació, insults...

No obstant això, la consecució de tots els projectes a Sonrisas de Bombay, tot i els obstacles, sempre m'ha demostrat que no hi ha res d'impossible, si es somnia amb força i il·lusió, amb la finalitat de fer feliços els altres. Pensar en el Kunal fent alguna feina i essent plenament útil i productiu em donava l'empenta necessària per seguir endavant amb el pla.

Enmig de tot aquest huracà, el destí va voler que se'm creués al camí el doctor Ramaswani Ganapati, vicepresident de la Societat per a l'Eradicació de la Lepra, fundador del Bombay Leprosy Project, i amb gran prestigi a l'Índia per la seva impecable trajectòria professional.

Un bon dia vaig decidir cridar-lo perquè m'havien lloat els seus programes de detecció en zones rurals, que feia temps que estaven paralitzats per manca de fons. El primer dia que m'hi vaig reunir, havia rebut unes quantes crítiques per part dels veïns que no volien que aquella entitat que treballava al seu barri s'involucrés ara amb un tema tan complex com la lepra.

En Ganapati, no només va animar-me a continuar endavant tot i les pressions, sinó que les nostres converses cada vegada més freqüents i enriquidores, van permetre albirar la possibilitat de sumar sinèrgies per a aquest projecte.

Tots dos sentíem un refús profund envers l'existència de colònies de leprosos i hospitals reclosos que només contribueixen a accentuar la sensació de gueto i de marginació d'aquests malalts. Volíem avançar envers la seva integració total amb malalts amb altres afeccions per tal de donar-los una normalitat absoluta. Mai no sabré expressar-li a en Ganapati el meu etern agraïment per entendre i respectar la meva tenacitat.

En col·laboració amb en Ganapati i el seu equip, liderat pel doctor Pai, vàrem establir les bases per al projecte actual «Tornar a la vida», que es divideix en dos fronts.

D'una banda, el programa d'Ajuda monetària a particulars, que permet finançar la matrícula, llibres, material escolar i accessoris dels malalts i dels seus fills —a qui l'existència de la lepra a la família els ha impedit l'accés a l'ensenyament.

D'altra banda, vaig oferir al Bombay Leprosy Project la possibilitat que part de les nostres oficines fossin l'epicentre d'un programa per a tota la zona rural del nord de Bombai, i així poguessin disposar d'un quarter general des d'on fer les rutes per detectar plegats nous casos de lepra a la demarcació i arribar a temps per tal que la malaltia no destrueixi ni el malalt, ni el futur de la seva família.

Finalment, Sonrisas de Bombay també va començar a finançar els sous dels pares malalts de lepra, dels beneficiats de «Tornar a la vida», i també de tots aquells malalts que, a partir d'aquell moment, van començar a tenir la satisfacció, no només de sentir-se útils per a la seva societat, sinó de ser-ho, realment.

En Kunal ja no hauria de ser una estàtua silenciosa en un dormitori de desesperança.

17

La targeta de l'esperança

L'única religió que s'hauria d'ensenyar és la religió sense por.

SWAMI VIVEKANANDA

Les visites gairebé diàries als *slums* i la meva convivència amb els seus habitants, em proporcionaven cada vegada més motius de reflexió.

Quedava clar que no sempre podria anar construint orfenats per donar oportunitats de futur a tants nens. En primer lloc, per la manca de recursos i la poca visibilitat que suposaria dominar una xarxa de centres tan extensa i, en segon lloc, per no separar aquells nens de la seva família. Vaig començar a donar prioritat per a l'orfenat als casos de vendes per part de la família i de reclusió absoluta en prostíbuls.

Era important que el menut que tingués uns progenitors que el tractessin bé, continués amb ells, però ¿com es podia aconseguir que aquells nens dels *slums* accedissin a un futur millor? Apartar-los d'allà i allunyar-los de les seves famílies no em semblava cap sortida convincent. No es tractava només de salvar les persones del foc, sinó d'apagar l'incendi.

Hi havia d'haver un altre sistema, una altra via per ajudar-los a accedir a una vida amb oportunitats acadèmiques sense que això signifiqués separar-los de la seva llar. No tots els pares d'aquells nens representaven una mala influència; no totes les famílies els amputaven les extremitats ni els venien. Pensar que, només pel fet de ser pobres, eren dolents per al creixement físic i intel·lectual dels seus fills, era totalment erroni. Eren pobres, no criminals.

Em van resultar d'una ajuda incommensurable els escrits d'Amartya Sen i les seves intel·ligents aportacions a l'estudi de la pobresa, que destaquen especialment l'enorme potencial latent en cada home i en cada dona. Tots som iguals; senzillament, a uns ens varen donar més oportunitats de desenvolupar el nostre intel·lecte i les nostres habilitats.

La situació dels *slums* va fer-me consultar els plans establerts al Brasil cap a la meitat de la dècada de 1990: mitjançant el pagament d'uns ingressos fixos a les famílies pobres, se'ls incentivava a escolaritzar els seus fills. El programa Bossa Escolar va emmarcar-se en els Programes de Garantia de la Renda Mínima (PGRM), que van començar al Brasil el 1995.

La primera proposta va sorgir a Brasília; el seu governador va anunciar l'inici del programa. D'acord amb aquest programa, qualsevol família amb una renda per càpita inferior a la meitat del salari mínim, amb dos fills d'edats compreses entre 7 i 14 anys, tindria dret a rebre mensualment una transferència monetària equivalent al salari mínim, sempre que els registres d'assistència a l'escola dels nens superessin el 90 % de la jornada escolar.

El programa, que ben aviat va iniciar-se en altres estats del Brasil, aspirava, entre d'altres objectius, a reduir el treball infantil, ja que la transferència de la renda permetria compensar la pèrdua que suposava per a les famílies no portar els seus fills a treballar. A més, augmentaria el nivell d'escolarització dels fills de famílies pobres, amb el consegüent impacte sobre la reducció de la pobresa futura. Així, l'educació es convertiria en l'instrument principal per trencar el cercle de la pobresa.

Els programes de garantia de renda mínima condicionats a l'assistència escolar han guanyat un protagonisme notable en les reformes de les polítiques socials i educatives d'Amèrica del Sud i, en molts casos, tenen força èxit. Però, què podria oferir jo a les famílies dels *slums*? Si desenvolupàvem un sistema d'intercanvi que impliqués un benefici monetari directe per a les famílies, les xarxes d'extorsió augmentarien enormement les seves pressions a la zona, i tot plegat podria sortir a l'inrevés de com havíem previst.

El repte consistia a trobar la fórmula que suposés un guany per a les famílies sense que es traduís en una aportació econòmica.

Durant el temps que feia que era a la ciutat, havia estat portant al metge la mare de la Laxmi, la dona amb la cama supurant que vaig conèixer durant el meu primer viatge. M'havia costat moltíssim aconseguir que algun hospital la tractés. Ni tan sols el fet de mostrar feixos de diners a les infermeres en moments de desesperació, no m'havia permès l'entrada al centre, pel fet d'anar acompanyat d'una intocable. Després d'indagar molt en institucions mèdiques de la ciutat, finalment vaig aconseguir que ens rebés el doctor Chetan Oberai, una eminència en dermatologia que té una consulta privada a l'Hospital Lilavati, el centre més car de la ciutat. Una vegada més, estava satisfet d'ajudar algú considerat con un ciutadà de tercera amb un tracte sanitari de primera. Una vegada més, allà hi triomfava la igualtat.

La cama de la Laxmi, abans totalment desfeta, amb cucs i amb l'os a la vista, ja estava cicatritzant les ferides i, tot i que no tenia un bon aspecte, estava fora del perill d'una altra infecció. Les seves veïnes de Dharavi, en veure que l'havia acompanyat a l'hospital i que seguia un tractament, van començar a demanar-me que també les hi dugués per tal de solucionar els problemes de salut que m'anaven plantejant. No sabia del cert si tots els mals que em comentaven eren certs, o si alguns eren una simple exageració que els servia d'excusa per visitar un centre hospitalari, però allò va ferme veure amb claredat un procediment per tal d'aconseguir la gradual matriculació dels fills en escoles bones.

La salut no es trobava en un lloc tan elevat en la seva escala de prioritats pel que significava per ella mateixa, sinó pel prestigi social que comportava el fet d'anar a un hospital, fins i tot en una zona de barraques. ¿I si enlloc de diners, els oferíssim salut?

Així vaig començar a traçar els esbossos del projecte «La targeta de l'esperança», una cartilla que permet l'atenció mèdica a la família; inclou revisions rutinàries, visites a metges, intervencions quirúrgiques i tractaments en cas de necessitat. A canvi, les famílies han de signar un contracte mitjançant el qual es comprometen a escolaritzar els seus fills i a no forçar-los a treballar abans no acabin els estudis. Si es comencen a registrar absentismes escolars no justificats i la família no compleix amb les obligacions subscrites, perden tots els drets de la targeta i els seus beneficiaris es veuen obligats a pagar un percentatge dels serveis mèdics rebuts fins aquell moment.

Actualment estem portant a terme un projecte pilot amb famílies de Dharavi i d'Andheri. Lògicament, ens trobem amb obstacles com, per exemple, els registres: moltes d'aquestes famílies procedeixen d'altres indrets de l'Índia, de manera que els papers de registre del nen, el seu «llibre de família», van quedar-se al poble natal, i mai més no se n'ha sabut res. Per tant, resulta molt complicat matricular en una escola un nen que, als ulls de la llei, senzillament no existeix. Així doncs, paral·lelament cal començar tot el procés reglamentari que es necessita per tornar a inscriure en el cens el beneficiari o per rescatar una altra vegada la seva partida i els papers legals a l'estat natal.

Tot i amb això, la posada en marxa del projecte pilot ens està proporcionant molt bons presagis i esperances —tal com indica el seu nom—, per tal que cada vegada hi hagi més nens de Bombai que accedeixin a un futur clar i lliure de l'esclavatge de la pobresa.

18

El preu de l'amor

La mort és summament semblant a la vida quan sabem viure. No es pot viure sense morir al mateix temps. No es pot viure sense morir psicològicament cada minut que passa.

KRISHNAMURTI

Quan aconseguíem triomfs nous, ens infligien derrotes noves. Els veïns de la urbanització on teníem l'orfenat no veien amb bons ulls que allà hi visquessin cada vegada més nens intocables i dels *slums*. Aviat van començar a donarnos la culpa de les pudors de claveguera i de la insalubritat de la zona —les persones que hagin conegut els nostres nens sabran que són d'allò més ordenats, nets i educats.

Les discussions i les pugnes entre alguns membres dels comitès directius de les respectives contraparts locals van fer-me veure que seria més eficaç crear un únic òrgan legal, BOMBAY SMILES, per poder ajuntar els diferents projectes sota un mateix «paraigua». I aquí, de nou, van arribar les cues quilomètriques en oficines governamentals, traves burocràtiques i obstacles impossibles d'enumerar en poques paraules.

També vaig haver d'afrontar les febleses de persones locals que en el seu dia vaig considerar de confiança i que començaven a mostrar indicis d'accions monetàries poc transparents. Per sort, les coses no van anar a més i vaig poder detectar a temps les corrupteles i les gestions poc apropiades. Per a la tranquil·litat de les persones que donen suport al projecte i per desgràcia del meu descans, la impecabilitat en assumptes monetaris és, per a mi, una obsessió constant.

—Roba un banc —vaig dir una vegada a un treballador amb intencions poc clares—, no robis a uns nens que no tenen res per menjar.

Tot i aquests obstacles, cada decepció i cada esforç sempre venien recompensats per la satisfacció i l'alegria de contemplar els assoliments obtinguts.

El nostre projecte era cada vegada més conegut a l'Índia, sobretot entre els habitants de Bombai. I, com a conseqüència d'això, era progressivament més lloat pels uns i menys benvingut pels altres, que ho veien com una amenaça directa per als seus negocis.

El nombre de nens beneficiaris del projecte anava en augment. Molts d'ells provenien de Kamathipura, de manera que rescatar-los d'aquells bordells suposava robar diners a les màfies de la ciutat que els estaven explotant. El mateix succeïa amb les xarxes d'extorsió de Dharavi o amb certes forces ocultes que mostraven l'esguard amenaçador tant bon punt empreníem alguna acció que pogués implicar per a ells la pèrdua d'una família de la qual n'obtenien beneficis.

En una ocasió van intentar cremar la nostra oficina, i els anònims que amenaçaven la meva integritat física eren cada vegada més freqüents.

Un dia la Sharmila va entrar al meu despatx sobresaltada:

—El truquen de la policia de Bombai. Si us plau, posi's al telèfon.

—La policia? Què deuen voler, ara? —vaig pensar.

Van citar-me a la comissaria d'Andheri sense donar-me cap explicació. Van ser d'una amabilitat exquisida amb mi, cosa que va sorprendre'm. Ja feia temps que volia mantenir converses amb la policia, especialment per poder col·laborar en matèria de rescats a Kamathipura. Aquella trobada m'aniria la mar de bé.

Vaig arribar a Andheri i dos oficials, el nom dels quals no desvetllaré per motius de seguretat, van convidar-me a passar a un despatx decadent i on no vaig percebre-hi el més mínim rastre d'alegria.

—Senyor, li volem parlar d'un tema delicat.

—Endavant, inspector.

—La setmana passada vàrem fer un parell de batudes en dos apartaments de Grant Road. Pertanyien a x, algú que, com sabrà, controla nombroses xarxes a Dharavi i Kamathipura.

—Sí, un proxeneta a l'engròs. Però, ¿què hi tinc a veure, amb tot això? Precisament els volia demanar col·laboració, perquè...

—Està en perill, senyor. El seu nom apareix escrit més d'una vegada en alguns dels documents que hem requisat.

—Sí, és clar, perquè no els deu pas agradar gens la nostra feina, però això és tot. Per això m'han trucat?

En aquell moment va fer-me la impressió de ser a dintre d'una pel·lícula policíaca i que aquells policies fruïen de tot aquell suspens. Però jo, que tenia molta feina per fer fora de la comissaria, no estava disposat a perdre el temps.

Aquella situació començava a molestar-me seriosament. L'inspector va continuar:

—Li asseguro que la seva vida corre perill. Té dues opcions. Una és dur pistola; l'altra, portar escorta. Si vol, li podem enviar un cotxe patrulla que faci guàrdia a casa seva durant una temporada...

—Però què m'estan dient? Com vol que dugui escorta o pistola? ¿I se suposa que això ha de finançar-ho la meva organització? ¿Vostè creu que els nostres socis han de pagar un cos de seguretat? ¡Estan col·laborant per lluitar contra la pobresa en aquesta ciutat, no per pagar un pinxo! M'hi nego rotundament, ni parlar-ne. S'han tornat bojos? Sóc el responsable que cada cèntim de la butxaca dels nostres socis vagi a parar al lloc on ha d'anar a parar: a l'ajuda dels pobres de Bombai.

—I si aquesta despesa anés a càrrec nostre?

—Tampoc! Protegeixin tots els nens i les dones de Kamathipura, en lloc de protegir-me a mi.

—Aleshores, ¿preferiria que el matessin i que el projecte es quedés sense vostè?

—Però quina rucada! Qui m'ha de voler matar? Hem tingut un parell d'ensurts, però podrien haver estat fins i tot del fill del veí. Fins ara ningú no m'ha posat cap pistola al clatell.

—És clar, i quan l'hi posin, ja serà massa tard.

La parsimònia d'aquells homes en les respostes, parlant de vida i de mort com si res, em deixava atònit. Em semblava increïble que es preocupessin tant per la meva seguretat i que en cap moment d'aquella conversa no haguessin parlat de tantes persones indefenses i que encara corrien més perill als carrers de Bombai.

—A més —vaig afegir—, actualment el meu projecte beneficia molts nens d'aquests carrers, és cert, però seguexen essent molt pocs, si els comparem amb tots els nens que aquesta gent de qui em parlen té a la seva disposició. ¿Que potser creuen que sóc tan important per a ells?

—Sí, per a ells tenen molt poca importància els nens als qui beneficia el seu projecte, perquè són pocs comparats amb els que poden escollir. Però, per ser sincers, la seva vida encara els importa menys. Nosaltres ja l'hem advertit.

Les paraules de l'inspector, que en el fons em semblava un home honest, van ressonar-me al cervell com una sentència. Aquella nit no vaig poder dormir. No era por; era preocupació.

Reconec que va costar-me molt de temps convèncer-me i vaig necessitar un nou avís per part de la policia per reconèixer que el perill era real. També admeto que quan vaig acceptar d'anar amb escorta, vaig fer-ho remugant, però pensant especialment en el meu pare, en la meva àvia, en els meus amics, en la meva família i en tantes persones que, amb els seus consells reiterats, em demanaven que acceptés d'anar protegit.

Vaig registrar-me de manera oportuna a l'ambaixada (cosa que no havia fet en els tres anys que feia que vivia a Bombai): si passava res, com a mínim que poguessin contactar amb les persones adequades.

I va ser d'aquesta manera com vaig haver-me d'acostumar, a poc a poc, a anar sempre amb un escorta. Hauria d'inspeccionar els indrets habituals per on em movia, abans que jo hi entrés, conèixer les persones del meu entorn més proper, saber quins treballadors tenien autorització per entrar a l'oficina i qui eren els meus veïns.

Vaig haver d'acostumar-me que, abans de pujar al cotxe, n'inspeccionessin els baixos amb un mirallet. No va quedar-me altre remei que saber en tot moment que allà hi havia aquell acompanyant imposat, observant cadascun dels moviments que passaven al meu voltant.

M'avergonyia tant! Si anava a una reunió, sempre acabava donant explicacions. Si anava a un dinar i hi havia persones a qui coneixia aquell dia, algú de la taula sempre acabava dient: «hi ha algú que ens està observant». I aleshores em veia obligat a donar l'explicació pertinent i ser el tema de conversa durant tot l'àpat.

Per fortuna, l'equip de seguretat és molt discret. No obstant, de vegades suposava un fre: comptar amb la seva aprovació a l'hora de seure en una taula d'un restaurant o en una altra, o deixar de fer activitats rutinàries que ja no em podria permetre mai més. S'havien acabat els *rickshaws* i altres activitats que em deixaven més desproveït de protecció.

M'anava habituant a aquelles restriccions, tot i que amb alguna excepció:

—Senyor, no hauria de passejar-se tan alegrement per les zones dels *slums* —va dir-me una vegada l'escorta assignat quan érem a Dharavi.

—Miri, se suposa que els paguen per protegir-me la vida, oi? Si no em deixen ser al costat dels pobres, no caldrà que me la protegeixin, perquè en apartar-me d'ells, seran vostès qui m'estaran matant. La meva vida són ells; si m'allunyen del seu costat, m'arrabassaran el sentit de viure. De manera que, els agradi o no, continuaré veient-m'hi regularment i continuaré passant el meu dia a dia en aquestes barraques. Ells són els qui em protegeixen. Creguin-me, en aquestes zones no em passarà res. ¿Com he de témer per la meva vida, aquí, quan al meu voltant hi ha tantes persones que em protegeixen amb el seu agraïment? Els he lliurat la meva vida; està totalment a mans d'ells. ¿Creu que no em protegiran?

Els primers dies que vaig portar escorta, visitava Bombai el meu bon amic de Barcelona Óscar Capella.

Hi havia moltes situacions que em superaven: la vergonya d'haver d'explicar als meus coneguts qui era aquell individu amb un intercomunicador a l'orella, la sensació de manca de llibertat...

—Mira, Jaume —em deia l'Óscar, per provar d'animar-me—, fica't al cap que tot això és una cosa normal. ¿Oi que veus normal que en un restaurant et facin esperar abans de fer-te passar a taula? Doncs pensa que això és el mateix.

Aquells dies amb l'Óscar van succeir diverses anècdotes divertides relacionades amb el tema de la seguretat. ¡El guirigall que va muntar-se quan l'ascensor de l'edifici on érem va quedar-se travat entre dos pisos! M'havia «escapat» dels escortes i, just en aquell moment, l'ascensor va aturar-se. Quina esbroncada vaig guanyar-me, aquell dia! Aquella primera setmana va ser necessari frivolitzar en alguns moments per poder digerir més fàcilment una cosa que, per ella mateixa, no ho era pas gens, de frívola.

Ara ja m'he acostumat a anar amb l'escorta. I el meu entorn, també. M'ho he pres, simplement, igual com l'espera de la taula en un restaurant i com un petit sacrifici més en aquest camí que val tant la pena.

La mort no m'espanta. No m'atemoreix gens ni mica. Recordo perfectament els dies i els mesos que van seguir la mort de la meva mare. Després d'una llarga batalla contra el càncer durant la qual no vam perdre mai les esperances, finalment la malaltia va poder amb ella. Una metàstasi òssia se la va endur per sempre el 10 de febrer de 1996. Aquells dies vaig escoltar la paraula «superació» constantment: «has de superar-ho», «cal superar aquestes coses», «això no se supera mai»...

Què se suposa que significa superar una mort? Si superar és oblidar, a cap membre de la família no ens donava la gana de superar-ho. Si superar era parlar d'ella i poder somriure, aleshores aquell mateix dia ja ho havíem superat, perquè el seu record va ser, i segueix essent viu entre nosaltres, des d'aquell primer dia.

En aquell temps van circular per casa diversos llibres sobre la mort. Recordo especialment *La mort, una aurora*, d'Elisabeth Kübler-Ross, una obra de lectura interessant que va regalar-me la meva àvia Marta.

Aquell llibre explicava que la mort és el cim de les nostres vivències, la seva coronació, allò que confereix un sentit i un valor veritables a la nostra vida. Sense vida no hi hauria mort, però sense mort tampoc no hi hauria vida. He conegut moltes persones que estan o han estat molt a prop de la mort. I totes espremen la vida com algú que veu la mort com una cosa extrema i llunyana.

Per apreciar realment la vida, cal aprendre a no ignorar la mort, a saber que és allà, com un procés més de la nostra existència. Em dol pels meus, pensar en la possibilitat que em passés alguna cosa i acabés el meu pas per aquest món, però no em preocupa per mi.

Aquesta lluita anomenada SONRISAS DE BOMBAY continuaria, empesa per uns altres. Ningú no ha de ser imprescindible per a cap projecte. I si ho és, és que el projecte està mal plantejat. Tampoc no m'angoixa la idea de perdre'm temps futurs. Si me n'anés per sempre, ja hauria valgut la pena d'haver passat per aquí i d'haver viscut tot el que he viscut. I el que és més important: haver contribuït al fet que uns altres visquessin millor.

19

Normalitat

No es podrà canviar la societat si l'ésser humà no canvia. És l'ésser humà – nosaltres i els altres – qui, de generació en generació, ha creat aquestes societats.

KRISHNAMURTI

Un temps després d'haver obert, a la Diplomatic School vàrem considerar la possibilitat d'admetre, també, alumnes que sí poguessin pagar unes matrícules escolars per tal d'estudiar al centre. Havíem contractat professors bons, tot seguint la premissa que tenir alumnes pertanyents als entorns pobres no ens obligava pas a contractar un professorat de mala qualitat. Havíem planificat un programa escolar amb informàtica, anglès i nombroses activitats extraescolars dignes de qualsevol centre educatiu indi de primera.

Va ser una fita important, aconseguir que famílies de la zona amb més possibilitats matriculessin els seus fills, bo i sabent que això suposaria barrejar-los amb menors marcats per la "intocabilitat". Però ho vàrem aconseguir, van donar més importància a la bona educació. Vaig alegrar-me molt del fet de no haver creat una "escola de pobres", marcada amb aquesta etiqueta terrible, sinó un centre educatiu exemplar que tenia per estendard la qualitat dels coneixements rebuts pels seus alumnes.

N'hi va haver prou amb un sol any per aconseguir que la Diplomatic School fos autosuficient i donés una passa importantíssima: nodrir de fons la Kartika Home, sense haver de dependre mai més d'ajuts; autosuficiència absoluta.

Ens va costar molt – a mi, el primer – de comprendre que, tot i l'alegria que suposava tenir un projecte del tot autosuficient, Kartika Home ja no es trobava més a sota del nostre paraigües. Però vàrem comprendre que així ha de ser amb cada projecte: ajudar-lo i defensar-lo a capa i espasa per tal que, pocs anys després, pugui subsistir i avançar sense haver de necessitar ajuda.

I és que, al cap i a la fi, ajudar és això: obrir una gàbia per tal que l'ocell sigui lliure i pugui volar de manera autònoma, no donar-li menjar eternament, bo i tenint-lo tancat per sempre més a la gàbia de la dependència. Els ajuts dels socis de l'entitat que anaven destinats a Kartika Home vam poder-los redirigir, tot invertint-los en projectes nous desenvolupats amb socis locals, entitats creades per les mateixes comunitats beneficiàries de Bombai. D'aquesta manera, els projectes tindrien la millor de les arrels possibles: els dictats i les necessitats de la població de la ciutat, al costat de qui ens posem cada dia per estar del tot al seu servei.

El primer projecte desenvolupat juntament amb entitats índies va ser la posada en marxa de 100 llars d'infants per poder proporcionar educació pre-primària a 3.000 nens de les zones de barraques d'entre 2 i 6 anys.

Amb aquest programa, que actualment encara funciona, pretenem ajudar a trencar des del començament aquesta dinàmica perversa en què pobresa i manca d'educació es retroalimenten. Amb Kartika Home, molt sovint ens passava que acollíem una nena de vuit o nou anys, rescatada d'algun bordell, i la reinserció acadèmica es convertia en un drama perquè la menuda no sabia ni llegir ni escriure, i no podia anar a classe amb les nenes de la seva edat.

Per aquest motiu, amb els balwadis, paraula amb la que denominen aquests parvularis, volem proporcionar un bon nivell educatiu als nens des del començament, i que això ens permeti matricular-los a les bones escoles de Bombai quan tinguin l'edat per fer-ho.

A més de la seva formació, al seu balwadi tots els nens fan un àpat complet i abundant, de manera que també cobrim les necessitats nutritives sense cap cost per a la família.

A Sonrisas de Bombay som molt conscients de la complexitat de la situació de les famílies que viuen als slums, així com de les dificultats de tota mena que tenen per poder oferir als seus fills el que seria idoni. Al mateix temps, però, diem que això no ens ha de desanimar, bo i essent realistes i sabent que són aportacions petites, però fetes en la bona direcció. Un exemple n'és aquest projecte.

Gràcies a les persones que ens donen suport cada dia des de diversos indrets del món, més de 3.000 nens tindran la possibilitat de rebre una educació infantil que vagi d'acord amb la seva edat i una alimentació adequada com a mínim cinc dies cada setmana. Pot semblar poc si pensem en les desenes de milions de nens indis que es troben en situació de desesperança, però cada nen sa, preparat i il·lusionat per a incorporar-se a l'educació primària en el futur pròxim, és una vida a la que hom dóna opcions vitals des del començament. I una vida, una de sola, ho és tot.

D'altra banda, l'interès creixent per part de ciutadans de diversos indrets d'Espanya, va obligar-me a tenir una infrastructura més definida i professional a Barcelona, seu central de l'entitat. Actualment, Sonrisas de Bombay està formada per un equip – el just per no malbaratar en estructura – de persones compromeses i eficaces que treballen dia a dia per tal d'estar a l'alçada dels ajuts dels socis i convertir els suports rebuts en fets sòlids que contribueixin a millorar la qualitat de vida i les esperances per a milers de pobres i d'intocables de Bombai.

Una altra cosa que sempre he tingut clara és que Sonrisas de Bombay sigui una entitat petita i familiar. Professional, constant i amb ambicions per a les comunitats que tenen necessitats, sí. Però, al mateix temps, propera, palpable i transparent. Per aquest motiu, l'estructura de l'organització compta amb una persona per a cada departament, per tal que pugui funcionar de manera professional i organitzada, però sense grans despeses d'estructura innecessàries, tot assegurant que els fons es destinin sobretot als pobres i als intocables de Bombai.

Un aspecte en el que he canviat moltíssim aquests darrers anys és la manera de veure la meva figura a dintre del projecte. Recordo que, al començament, sempre volia estar intervenint directament en l'educació, en la sanitat: ensenyava, guaria els malalts, jugava amb els menuts... Fins que un dia vaig tenir clar que la meva intervenció directa no només no era tan útil, sinó que podia representar una interferència. Un bon dia vaig aturar-me en sec i vaig dir-me: "Però, Jaume, ¿presumeixes d'ajudar des del respecte i et poses aquí, al mig d'aquests assumptes? ¿Per què vols donar classes si comptes amb un professorat de primera? ¿Per què vols guarir ferides i fer cursets d'infermeria si el Bombay

Leprosy Project té un personal altament qualificat?". I, d'aquesta manera, vaig començar a refer el meu paper a dintre de l'entitat, bo i estant sempre al servei del projecte, però sense molestar en el seu desenvolupament, bo i tenint-ne cura, mirant-lo i donant-li suport, però sense interferir en aquelles tasques en les que no sóc necessari. La meva feina a dintre de l'entitat se centra més en l'organització logística de departaments, en un no parar de reunions, de xerrades, de supervisió de projectes, de temes burocràtics i de formació constant. Però el projecte ha d'estar gestionat per personal qualificat de cada sector. I, molt important – com a mínim a Sonrisas de Bombay –, atès directament per personal local. En aquest cas, indi.

Això també passa amb la gran quantitat de persones que ens escriuen per a treballar com a voluntaris. En entorns més rurals o, potser, amb menys provisions i infrastructures, estic segur que la col·laboració de personal expatriat és, de vegades, positiva. Això no obstant, a Bombai, on entre els seus 20 milions d'habitants, és fàcil de trobar una bona professora, una bona nutricionista o un bon metge, la intervenció de voluntaris estrangers no té gaire sentit.

Si sempre haguéssim dit que sí a tots els voluntaris, avui més de 300 persones de les mateixes comunitats no tindrien el lloc de treball que tenen gràcies a Sonrisas de Bombay. No hi ha dubte que aquesta és una manera fantàstica de poder contribuir a crear llocs de treball i a implicar-hi la mateixa comunitat, un factor tan útil i necessari per al desenvolupament d'un projecte com ho és el fet de regar-la per a una planta.

És important saber que Bombai no és, en absolut, un indret pobre, sinó un lloc amb molts pobres, cosa que és diferent. Té hospitals, universitats, farmàcies... amb el fet agreujant que més de la meitat de la seva població no pot accedir-hi. Quan sóc als Estats Units, sempre els dic: "Perquè m'entengueu, els projectes als que donem suport són al Bronx de Bombai". I, aleshores, m'entenen perfectament. Perquè en certa manera, aquest és l'entorn: una zona terriblement pobre i miserable, ancorada des de fa segles al cor d'una Nova York oriental.

També va ser important saber comptar amb una o més "mans dretes" a l'Índia, col·laboradors de plena confiança. Disposar de personal altament qualificat a Bombai i haver sabut reconèixer les que, per justícia, són les seves responsabilitats respectives, em permet, actualment, passar temporades molt més llargues a Barcelona, on viuen el meu pare, la meva àvia i els meus amics de tota la vida. Seria una incoherència haver desenvolupat un projecte basat en l'amor sense començar amb els de casa.

De la mateixa manera que m'ha agradat d'aprofitar les aptituds de cada persona implicada en el projecte, he anat aprenent a esprémer molt més el meu perfil periodístic, fins al punt que he tornat a col·laborar amb els mitjans de comunicació i he recuperat relacions institucionals que poden ser molt profitoses per als nostres beneficiats. Al cap i a la fi, sempre he estat periodista i mai no he sentit que hagi deixat de ser-ho. Contràriament al que hom pugui pensar, avui em sento més periodista que mai, perquè he contribuït –i espero continuar fent-ho– a comunicar, a traslladar a tots aquells que puguin i vulguin escoltar-me, la lamentable i penosa situació en què viuen milions d'intocables a Bombai.

Des de l'entitat, també hem pogut desenvolupar plataformes de sensibilització amb les que volem difondre al món la situació que segueix vivint més d'un 60% de la població de Bombai, al mateix temps que tenim la intenció d'actuar com a pont entre donants internacionals i entitats formades per les mateixes comunitats, tant si hi estem implicats com si no.

És important de sumar forces i sinèrgies per a les lluites comunes. A aquestes alçades continuo sense entendre el fet que existeixin rivalitats entre ONG. Continuo sorprenent-me que algú pugui perdre temps en pugnes innecessàries, en lloc d'aprofitar aquest temps meravellós per a ajudar els altres.

Però si una cosa que he buscat exageradament els darrers temps, és la normalitat. He perseguit ser el jove normal que es passa llargs períodes a occident, que tracta amb persones de la seva edat, que surt, que riu, que treballa com qualsevol altre, sense viure amb l'halo de misticisme amb el que moltes persones associen el treball social. Ni sóc religiós, ni sóc místic, ni mestre. Cada dia em sento més ignorant i amb més coses per aprendre. No em passo el dia levitant en un orfenat, sinó treballant dur com qualsevol altra persona, per tal d'augmentar la igualtat i les possibilitats dels més pobres de Bombai.

I quan em conviden a xerrades o conferències, sempre intento no anar donant lliçons ni moralitats, sinó poder aportar el meu testimoni senzill i planer per tal que, si de cas, qui escolti pugui adonar-se que, bo i essent del tot normal, sense virtuts especials ni extraordinàries, sense portar hàbits ni tenir connexions extrasensorials, es pot contribuir a millorar el món.

20

Epíleg: Somriures d'un destí imprevist

Individu és qui és separat, tallat.
Un individu és una entitat separada, sense relació.
Una persona és un individu en relació amb els altres.
Si ets un amb els altres, si vius per als altres, t'eixamples.

SWAMI VIVEKENANDA

Moltes persones que m'escriuen des de Catalunya i d'altres llocs del món em feliciten per la meva valentia en prendre aquella decisió després de conèixer la situació de l'orfenat.

Crec que qualsevol ésser humà que hagués passat per la situació en què vaig trobar-me jo, i vivint-la tant de prop, hauria fet exactament el mateix. Aquí no hi ha més medalles que la de la humanitat, i tots naixem amb ella.

Unes altres persones m'han recriminat —i continuen fent-ho—, que hagi perdut la meva identitat personal, que hagi negat en excés la meva vida individualitzada i separada del projecte, i que hagi adquirit un sentit del deure amb aquesta causa tan fort i arrelat. No crec pas que sigui negar-me, sinó afirmar-me com a l'ésser humà que sóc. Perquè hom només creix com a ciutadà i com a habitant del món, pensant en els altres.

Els necessitats de Bombai no són cap feina: són una opció de vida que un bon dia vaig escollir lliurement i sense possibilitat de fer marxa enrere. I qui no ho entengui, és que no concep el lliurament als altres ni una cosa tan bonica com donar-se al proïsme. Passar per la vida sense sentir la ventura de donar sense esperar res a canvi és com passar per sobre d'un mar cristal·lí sense voler tocar l'aigua.

Si tots descobríssim que la veritable finalitat de cada ésser humà és lliurar-se als altres, tot plegat seria molt diferent. Quantes insatisfaccions cròniques s'oblidarien! Quant de buit espiritual finalitzaria! ¡Quantes expressions d'amor i de tendresa brollarien en la humanitat!

Una vegada, algú va dir-me amb una loquacitat esclafadora: ara mateix hi ha milions de persones xatejant en cibercafès del món, tancats als seus compartiments amb l'única visió de l'ordinador. Busquen conèixer gent i, a la vegada, ignoren els cibernautes que són en aquell mateix lloc. Busquen persones a través d'un ordinador, quan al costat n'hi tenen unes altres que ignoren totalment. ¿No seria més lògic i més enriquidor apagar els ordinadors i que anessin plegats a prendre un cafè?

L'home està immers en una gran ceguesa col·lectiva, en la qual només veu els seus patiments i les seves necessitats. Els homes i les dones que habitem el planeta Terra tenim com a finalitat vestir amb amor el cos dels altres éssers humans.

Això no obstant, per portar a terme aquesta ajuda és imprescindible sentir-se ple i feliç. De vegades ho comparo amb el fet d'enamorar-se. Hom no pot pretendre que una altra persona ompli un buit propi. Per tal de poder donar cabuda a la meravellosa acció de donar i de compartir, cal que tots els buits es trobin coberts. En el cas de la cooperació, passa exactament igual. No es tracta pas d'omplir un buit. Només pot oferir-se aquesta mena d'ajuda, de compromís a llarg termini, si hom es troba ple i se sent feliç, perquè així és possible projectar aquesta felicitat en els altres com si fóssim un vidre impol·lut i transparent. Si el vidre està entelat o brut, rarament podrà projectar cap mena de llum.

Cal plantejar l'ajut des del punt de vista de qui el rep, mai de qui ajuda. Aquest sentiment, que els uns han qualificat de caritat i, els altres, de cooperació, ha de ser la cerca de la felicitat de qui estem ajudant; mai de la pròpia. La nostra felicitat ja arribarà, ja fluirà per ella mateixa en aquesta preciosa harmonia que sempre apareix quan hom actua de tot cor. Però no l'hem de buscar en la vulnerabilitat dels altres. Aquest és un gran error.

També m'arriben moltes cartes de persones que desitgen venir a l'Índia per «trobar-se ells mateixos». Per trobar-se un mateix només cal viatjar per l'interior de cadascú. No es tracta pas d'allunyar-se, sinó d'apropar-se una mica més. Si oblidem unes claus en un bar, ¿oi que tornarem a aquest mateix bar per buscar-les, en lloc d'intentar trobar-les per tots els carrers on hem estat?

De la mateixa manera que un metge necessita veure el malalt per poder-li fer un diagnòstic, nosaltres no podem pretendre guarir-nos l'ànima sense ni tan sols mirar-la. Cal que l'observem com qui mira amb dolcesa els moviments imperfectes d'un nadó. Serà aleshores quan es produirà el miracle més gran de la nostra vida: adonar-nos que pertanyem a tot arreu. Sabrem que som de l'univers i que l'univers és nostre. Perquè ambdós som una cosa única. ¿Que potser no és meravellós descobrir que formem part de la mateixa tela on hi ha brodats els estels, les aigües cristallines dels rius i les postes de sol? Descobrir aquest secret i entendre'l plenament no té preu. Aquest coneixement és, juntament amb l'amor, el tresor més gran que l'ésser humà mai podrà guardar a l'ànima.

Un dia vaig arribar a Bombai sense buscar-hi res. Però vaig trobar-ho tot. Vaig trobar la felicitat de moltes persones i la meva; els somriures d'un destí imprevist que tantes coses m'ha regalat, les mans amigues dels injustament anomenats intocables, de qui he rebut, com un ungüent màgic, l'escalfor del seu esguard i del seu amor.

Visc amb aquesta gent i amb les seves olors, acaronat per textures que un dia van fregar-me la pell, sense poder evitar que també em toquessin l'ànima.

Sóc feliç de saber-me en una ciutat on la meva petita ajuda, que sempre consideraré minúscula, pot fer feliços els altres. Feliç perquè viuen i jo visc amb ells. Feliç perquè en les seves possibilitats de futur hi veig l'objectiu més gran de la meva felicitat i el veritable sentit de la vida.

Bombai és una ciutat que un dia va colpejar-me l'ànima amb força i va sacsejar-me fins a fer-me creuar els límits del meu destí. Un indret on vaig comprendre que hi havia la resta dels meus dies. Una ciutat plena d'imperfeccions i d'injustícies, com tantes d'altres, però que m'estimo amb tota l'ànima i tot el cor.

«Déu ens ha recompensat amb en Jaume», van escriure un dia en una pissarra els primers beneficiaris del projecte. ¡Quantes pissarres necessitaria jo ara per plasmar com m'han arribat a recompensar ells!

Hi ha hagut impediments que han alentit els avenços d'aquesta cursa cap a un món millor, i n'hi continuarà havent. No és senzill: ningú no va dir-me mai que ho seria. Però a poc a poc he enderrocat muralles tot oferint les meves mans sense prejudicis, bo i mirant als ulls des del cor. Només així he pogut anar esquivant els obstacles d'aquesta lluita. Perquè, si dediques la vida a perseguir un somni, la mateixa vida te'l tornarà convertit en realitat. I si el somni està dedicat al benefici dels altres, el vent sempre acabarà bufant a favor teu.

Nota final

El somni de Jaume Sanllorente és avui una realitat: Sonrisas de Bombay, una ONG que dóna possibilitats de futur i vida digna a més de 6.000 persones dels carrers de Bombai. Mitjançant els seus projectes i les contraparts locals, Sonrisas de Bombay dóna l'oportunitat de treballar a més de 300 persones de Bombai.

Amb l'agència de notícies Mumbai Action (www.mumbaiaction.org), que ell mateix ha creat, en Jaume segueix denunciant a nivell internacional la situació que viuen cada dia milers de nens i les seves famílies als carrers de la capital de Maharashtra.

Jaume Sanllorente viu a cavall entre Barcelona, Bombai y altres ciutats del món, on busca ajuts per als projectes als que dóna suport.

Sonrisas de Bombay
Gran Via de les Corts Catalanes, 663 4t 2a
08010 – Barcelona
93 467 34 45

www.sonrisasdebombay.org

Comentaris dels lectors

ALGUNS LECTORS JA HAN OPINAT:

Felicito en Jaume Sanllorente per la gran tasca que està fent per aquests menuts... Gràcies a Déu que existeixen persones com tu... Penso que ets un àngel que habita la Terra Que Déu et beneeixi. Gràcies per la teva tasca sense límits; tots hauríem de convertir-nos en *Jaumes Sanllorentes* i canviaríem el rumb de milers de vides.

LILIANA, 15 de novembre de 2007

Agraeixo al Jaume el fet de compartir la seva experiència en aquest llibre i el felicito pel seu coratge per lluitar i fer realitat els seus somnis. Moltes vegades necessitem retirar-nos del nostre món per poder mirar a dins de nosaltres mateixos i descobrir el nostre destí (…) És un moviment noble que poques persones tenen el valor de realitzar. En Jaume n'és una. Pels seus valors i pels seus ideals, va tenir la capacitat de fer front a la difícil realitat que es presenta aliena dels qui no la volen albirar i, des d'allà, fer somriure molts nens reclusos en la gran presó de la modernitat, la no possibilitat de somniar. Aquest llibre és una declaració de com n'és de possible…

ISEGALIN, 25 de novembre de 2007

Me'l vaig llegir en un dia; això mai no m'havia passat amb un llibre. Penso que en Jaume ha sabut explicar la seva història d'una manera senzilla, clara i, sobretot, generosa, perquè obre el seu cor al lector. Així que comences a endinsar-te en el món que et descobreix, ja no pots sortir-ne i no t'atures fins que el llibre no s'acaba. Jo m'he sentit molt identificada amb la seva manera de veure el món i m'ha ensenyat moltes coses que no sabia sobre l'Índia i la pobresa en general. M'ha fascinat tant, que el gener visitaré la seva ONG. Naturalment, el recomano a tothom. Tota una lliçó de generositat i de valentia.

ALBA, 3 de desembre de 2007

El que va impressionar-me més de la història del Jaume és com va arribar a tenir de clar quin era el nord entre tanta feina per fer: l'educació. Tant, que fins i tot amb els recursos escassos, va decidir de pagar bé els mestres. Quina lectura tan agradable, càlida, autèntica... És una injecció d'humanitat.

TICHI, 9 de desembre de 2007

Un llibre que fa vibrar el nostre interior, que desperta sentiments, de vegades, massa encarcarats. Un exemple a seguir. Molt recomanable com a obsequi per Nadal.

DABAD, 10 de desembre de 2007

Una gran història d'amor, així és com qualificaria aquest llibre, un llibre que tracta de l'amor en estat pur, del lliurament als altres i d'un profund lliurament a ell mateix que, en definitiva, reverbera en actes grandiosos com els que porta a terme en Jaume a Bombai. Gràcies per emocionarme, gràcies per alimentar-me l'esperit amb un relat simplement deliciós. Som molts els qui compartim aquest meravellós espectacle que ens ofereix la vida i, els que vàreu ser a la presentació d'aquest llibre ja sabreu de què parlo; jo he estat visitant el projecte a Bombai i en Jaume, els nens i nenes de Kartika Home, d'Diplomatic School i Yashodan, són aquella fulla que en Jaume va descriure amb tanta passió, aquella fulla que, mentre cau de l'arbre, ens ofereix la dansa més meravellosa.

Gràcies per compartir la riquesa de les teves emocions amb lectors àvids de petites grans històries. El meu respecte més profund.

TERESA COLOM, 13 de desembre de 2007

Vaig llegir-lo en una nit... no podia parar de llegir, mentre m'impregnava de la seva experiència... que et fa pensar i replantejar-te si ets al camí correcte o no. Si has trobat el sentit de la teva vida o si encara l'estàs buscant... Impressionant!

GEORGINA, 13 de desembre de 2007

Ahir vaig poder assistir a la presentació del llibre i, una nit més, vaig somniar en l'Índia i les coses bones que hi estan fent, no només per a aquest país, sinó com a exemple per a d'altres situacions.

De vegades ens prenen per boigs pel fet de tenir uns somnis determinats, però com va dir en Jaume ahir, per molt folls que siguin els teus somnis, poden fer-se realitat.

Emocionant, impactant, espiritual, màgic, profund; cor, somni, essència... en definitiva, un referent, un model exemplar de persona.

Espero que la vida em posi molta gent com tu al meu camí.

Espero llegir el llibre aviat i tornar a sentir la màgia de les teves paraules.

MARIA CREIXELL, 13 de desembre de 2007

Mai de la vida no he llegit un llibre tan profund i penetrant com aquest. Per a mi, en Jaume ha transmès tot allò que el seu cor tenia guardat, i de ben segur que, tal com ha arribat fins a mi, ho transmetràs a totes les persones que tinguin la sort de llegir aquest llibre meravellós. Jaume, estem amb tu per tal que aquest projecte continuï amb tota la nostra força. Que Déu et beneeixi per la gran tasca que estàs fent.

GIOVANNI, 17 de desembre de 2007

He llegit el llibre assaborint-lo a poc a poc, com aquell plat que suposes exquisit i que, quan l'has tastat i has confirmat que ho és, vas degustant-lo gairebé amb avarícia.

Sembla mentida, però a aquestes alçades del partit, de tant en tant —molt, però molt de tant en tant—, hom sent l'alegria i té el privilegi de poder llegir una obra com aquesta. Mentre llegia aquestes pàgines he notat, en certs moments, una esgarrifança que em recorria l'esquena, i els llagrimals secs i acostumats a tot, s'han activat com si tinguessin voluntat pròpia. M'he trobat així, recollint alguna llàgrima que em lliscava per la galta, emocionat i nodrint-me del relat com si me l'estigués explicant el seu autor sota algun porxo humit, voltats de verd Índia, i alimentant-me d'aquest coratge, d'aquesta claredat d'idees i d'aquest compromís tan clar envers ell i la seva existència. M'ha encantat la humilitat de les seves pàgines; tots som un Jaume, només que ell ho ha desenvolupat, però els camins són infinits. M'ha encantat clarificar segons quins conceptes, la caritat en front de l'ajuda. El fet que per regalar bé, primer has de sentir-te bé tu. L'amor com a força motora. El Déu dins del marasme de déus. Res que no sapiguem, però com n'arriba a ser de benvinguda, una altra oportunitat per poder interioritzar-ho, a veure si aquesta vegada ja acaben de filtrar totes aquestes veritats en l'ànima, i desenvolupem aquesta força tremenda que resideix en nosaltres i que només serveix sense esperar res a canvi.

Aquest any, Nadal ha arribat uns dies abans a Barcelona.

Gràcies per aquest llibre, Jaume. Ha estat gairebé com si t'ho sentís explicar amb la teva veu.

Javier, 22 de desembre de 2007

Tinc la mateixa edat que en Jaume, i quan penso en què ha fet i —el que és més important— les vides que ha canviat i les esperances d'un futur millor que ha donat, no puc fer altra cosa que sentir admiració. Estic sortint d'un problema greu, i amb la seva tenacitat i les seves ganes d'ajudar, m'ha ajudat molt a replantejar-me la vida. L'antic proverbi indi diu: «Tot el que no és donat, es perd», i en Jaume ho porta a la seva màxima expressió. No defalleixis mai.

Buba, 31 de desembre de 2007

Vaig escriure al Jaume quan vaig conèixer Sonrisas de Bombay per felicitar-li i animar-li per la seva tasca increíble a Bombai; ara i després de llegir el llibre, que m'ha semblat preciós i molt amè, vull felicitar-lo una vegada més i donar-li les gràcies per compartir-lo, perque segur que ens anima a no quedar-nos asseguts pensant que nosaltres no pode fer res, en la pròpia familia, amb amics, amb veïns, etc. Com ell diu, no ens hem de desanimar i no hem de deixar de pintar amb pintura blanca tot el que ens envolta, cadascú des del lloc on som, no hem de deixar de dibuixar somriures. Moltes gràcies Jaume, estem amb tu!

Amartos, 8 de gener de 2008

Em sembla un dels llibres de testimonis més meravellosos del món. Jaume em sembla una persona extraordinària i, malgrat que no lia grada que l'alabin pel que està fent, em sembla de veritat un Déu pel que està fent per aquests nens, i crec que ell ajuda però estic segur que ells també li ajuden a ell per continuar amb aquest treball fantàstic. Tant de bó que hi hagi més persones com ell, i ara estic segur que no moriré sense anar a Bombai i visitar aquella obra maravillosa, i donar un cop de mà si és necessari, perque imagino que fan falta moltes mans. Un petó pel Jaume i t'envio tot el meu recolzament i tota la meva energia sense Madrid. Ja t'estimo sense que t'hagi conegut.

Atalaya, 8 de gener de 2008

Un de fàcil lectura que m'ha captivat. L'he acabat en un cap de setmana i l'he tornat a rellegir. Realment t'admiro Jaume. Et vaig veure a la Casa d'Asia i ja em vas emocionar. Desde Barcelona tens el meu suport i la meva col·laboració, ni que sigui d'una manera material, que intentaré incrementar-la amb els meus projectes. Ànims, rep molta llum i energia.

Joan C.B., 8 de gener de 2008

He acabat de llegir aquest llibre i la veritat és que m'ha encantat, i sobre tot m'ha encantat que aquesta persona sigui de veritat i que estigui ajudant a tants nens necessitats. Tots hauriem d'aprendre alguna cosa de tu, i com dius al llibre... No fa falta anar a la India per trobar-se amb un mateix, únicament fa falta viatjar al propi interior. Sento una gran admiració per tu i per la teva valentia, de seguida que aprengui hindi prometo una visita. Una gran abraçada.

Figaro27, 12 de gener de 2008

«...perque, si dediques la teva vida a perseguir un somni, la pròpia vida te'l tornarà transformat en realitat. I si el seomni es dedica al benefici dels altres, el vent sempre acabarà soplant al teu favor.»

Acabo de llegir el llibre en le que en Jaume Sanllorente relata el seu projecte a favor dels nens més desfavorits de Bombai i, com m'imagino li haurà pasat a gairebé tot el món, no m'he quedat indiferent. Amb la seva acció, amb el seu exemple, amb el seu sentiment i amb les seves vivències, en Jaume, que ho va deixar tot per un somni, ens ha donat una lliçó: quan vulguis alguna cosa i lluites per ella, aconsegueixes que es faci realitat.

D'aquí que «endavant» i tota la meva admiració.

Jo, com ell diu en el seu relat, també crec que si tots posem una miqueta de la nostra part, podem canviar el món.

«I am a dreamer, but I am not the only one.»

Maria Z., 13 de gener de 2008

Després d'emocionar-me amb la lectura del teu llibre en el que el meu cor com el teu es va trencar pel carrer després de visitar Karina, únicament em queda dir-te que continuis endavant, que ets algú especial que té una missió important, que mai et faltarà de res... perque tens el més important, EL TEU AMOR INCONDICIONAL A LA

HUMANITAT que pateix. Tot l'univers es posarà al teu favor per que el tue cor s'expandeixi i el tue amor continui arribant a qui més el necesita i t'està esperant des de tota l'eternitat.

Isabel Cusó, Metge
Fundadora de la ONG Botica natural
13 de gener de 2008

Un exemple exquisit i viu de la capacitat humana d'estimar, de la forma més pura e incondicional posible, la que posa per davant a l'altre i troba, en aquesta tasca i en aquest risc, un regal i un motiu d'agraïment.

Gràcies Jaume i gràcies Plataforma per posar aquest testimoni al nostre abast.

Amb tot el meu amor i recolzament.

Belén, 14 de gener de 2008

No hi ha paraules per a resumir en Jaume. Tot se'm escapa de les mans fins i tot el llibre. Vaig anar a veure el projecte de Kartika Home però és que ni veient-ho en directe ni llegint el llibre arribo a comprendre com una persona pot ser capaç de fer tot això. No només el llibre és magnífic sino que la forma d'escriure'l encara fa que m'arribi més a dins. M'ha encantat. Ànims jaume i que aquests somriures no s'apaguin!

Mariona, 17 de gener de 2008

Gràcies Jaume. Gràcies per haver escrit un llibre tan meravellós. Et voldria dir moltes coses, però res que no t'hagin dit d'altres; per això únicament et puc donar les gràcies, a tu, i als teus pares per donar al món un ésser tan extraordinari com tu. Espero amb impaciencia llibres futurs, perque a partir d'ara em declaro lectora Fidel d'en Jaume Sanllorente. T'envio cada dia els meus millors pensaments per a tu, pels teus nens i per tota la gent bona que t'envolta.

Anacorvo, 20 de gener de 2008

Sense exagerar, en la meva vida hi ha un abans i un després des de la lectura d'aquest llibre. El vaig llegir ahir, d'una sentada. No podia parar davant de la narració transparent, bella, generosa i honesta d'aquest jove tan madur que ha donat la seva vida pels pobres de Bombai. Ni una ogta de tenir i tot un oceà de Ser. Pot donar amor, perque n'és ple.

Quan vaig acabar la lectura, vaig contemplar les fotografies centrals del llibre, una vegada i una altra, tal com ell explica, quan es revitalitzava mirant les fotos dels seus nens.

Gràcies, gràcies i gràcies, Jaume, i gràcies a Plataforma Editorial, per publicar llibres «amb autenticitat i sentit».

CONCHA BARCERO, 21 de gener de 2008

El destí va voler que ahir a la tarda tingués ganes de comprar un llibre, i coses del destí vaig escollir *Somriures de Bombai.* El vaig acabar en una nit, únicament puc donar les gràcies al Jaume Sanllorente per compartir la seva experiencia; i per obrir-me els ulls, contagiar-me el seu entusiasme. No coneixia la existencia de l'ONG, però ja m'he involucrat, és tan bonic el que fa. I la veirtat és que no hi ha res tan bonic com que algú et regali un somriure. Crec que ara, regalaré més somriures i em fixaré en els somriures dels altres. Gràcies per escriure aquest llibre tan mervallós i no deixis el teus somnis, no deixis que ningú robi el somriures a aquells nens.

GOVER23, 22 de gener de 2008

Humanitat, amor, entrega, humilitat, força, coratge... i tantes emocions meravelloses, això és tot el que m'ha donat aquest llibre deliciós. Enhorabona Jaume, per ser com ets, per tenir dintre de tu tants sentiments i tots tan bonics. Ets un exemple a seguir com a ésser humà. He aprés i sentit tantes coses al llegir el teu testimoni, que t'haig de donar les gràcies, gràcies per fer-me una mica més humana.

MICAELA, 26 de gener de 2008

Benvolguts companys en la lluita pacífica contra la injusticia i la misèria: la nostra organització és encara petita, tenim setmanes de vida, de manera que la nostra economia no és massa gran, però volem contribuir d'alguna manera a la seva lluita heroica.

Som nois d'entre 12 y 20 anys, als quals entristeix molt tot el que passa a la realitat actual, ajudem com podem a les zones pobres del nostre pais (la República Argentina), però també volem fer-ho amb aquells països del tercer món que es troben en una misèria igual o pitjor que la d'Argentina, Sabem que la India és una d'elles.

Estem molt orgullosos de vostè i voldriem ser socis de Sonrisas de Bombay.

Déu els beneixi i moltes gràcies.

JOVENESOCIALISTAS, 27 de gener de 2008

Aquest llibre no deixa indiferent a ningú. És una història real que t'arriba al més profund del teu ésser. A vegades vaig haver d'apartar la vista del llibre i mirar cap una altra banda, respirar profundament i continuar amb la lectura. Una expèriencia molt dura i trista però plena d'esperança. Gràcies Jaume. Gràcies per existir, Fas una gran tasca i espero que els somriures continuin alimentant la teva foraç per molt més anys. Amb el petit esforç de molt aconseguirem un món millor per a tots. No et rendeixis i cuida't.

SUSANA, 28 de gener de 2008

M'agrada molt aquest llibre, per les experiències que he viscut i lluitat, és dur... Probablement, si no fós per aquest relat, moltes persones que no temin molts coneixements, no podriem saber el que passa en l'exterior. Per aquest fet, s'ha de tenir la valentia de veure-ho i poder continuar, cap a l'erradicació de la mateixa, per molt difícil que sigui. Et dono tot el meu recolzament.

Ànims noi!!

PALMIRA, 5 de febrer de 2008

És un dels millors llibres que he llegit, mai m'hauria imaginat que avui en dia, tal com va la vida, hi hagués persones com el Jaume, que ho deixan tot per donar-lo tot sense l'esperança de rebre res a canvi. És increíble. Si tots fessim una decena part del que ha fet ell el món aniria molt millor. Jo ho intentaré.

LOLI, 7 de Febrer de 2008

Vaig conèixer en Jaume per un reportatge de la2 i per TV3 i em va cridar l'atenció així que vaig entrar a la web. El seu llibre m'ha fet reflexionar molt en el mes que em vaig passar a la Índia i si fos ara hauria canviat el meu mes de vacances per anar a conèixer el seu projecte. El llibre m'ha fet entendre coses que quan era allà em costaren molt d'entendre. Esper, en un futur molt proper, poder visitar els projectes de Sonrisas de Bombay. Seguiu amb força i no perdeu mai l'esperança.

POMADA

És brutal!!! No el vaig poder deixar fins la darrera pàgina. M'ha impactat tremendament. Hauria de ser un llibre de lectura obligatòria. Tota una lliço de coratge i valentia. Un cop de puny a la conciència. Gràcies per desnudar-nos.

LLUISGOM, 13 de Febrer de 2008

Podria escriure un llibre d'afalacs i d'agraïmentsal Jaume per tota la seva feina i sobre tot per fer-nos partícips de la seva experiència. Però com diu ell mateix al llibre, se sent pagat pel somriure dels nens, de manera que no ho necessita. El que necessita és ajut econòmic; doncs col.laborem, fem una cadena, no hem de prestar el llibre després de llegir-lo, regalem-ne un a un amic i aquest a un altre i així successivament. El llibre costa molt poc i dóna molt, que és una gran inversió. No sé si publicareu o no el meu comentari, realment no important, EL QUE ÉS MÉS IMPORTANT és que comencem la cadena JA. Gràcies, pares d'en Jaume i l'àvia Marta per aquest fill meravellòs que m'ha fet sentir el seu amor. Unim les nostres mans i ajudem aquests nens i a tant d'altres del món que son el nostre futur.

CARMENMAYOR

És una experiència única viatjar a l'Índia. T'enamores d'aquell pais, dels seus colors, de l'harmonia i espiritualitat que veus en aquella gent feliç. Però, tanmateix, no hem tingut el valor d'en Jaume, que, amb un futur pel davant, s'estima més donar la seva vida per dedicar-la als altres. Oblidar-se de les comoditats occidentals (com que ragi aïgua de l'aixeta!) d'èxits i ambicions personals... Tot i més li tornen en forma de somriures i d'amor, d'això n'estic segura. ¡Però s'ha de ser molt valent per prendre una decisió com aquesta amb 30 anys! Alfonso i jo tornarem a l'Índia. I, segurament, anirem a visitar els Somriures de Bombai.

MAJERONI, 25 de Febrer de 2008

Jaume, ens ha passat el que expliques en el teu llibre. Després de visitar l'Índia durant l'agost de 2007, hem tornat impressionats d'allò que hem vist. Dos mesos després vàrem apadrinar 2 nens de l'India. Esteu fent una tasca impressionant i que en tan sols 3 o 4 anys hagueu pogut fer tant i tan solidari, ens sembla que no té nom. Una salutació de la familia Jurado & González (Madrid).

JURADO, 02 de Març de 2008

Avui he vist el llibre per primera vegada a la llibreria, és més, també es la primera vegada que he sentit a parlar de Somriures de Bombai. Encara no l'he comprat, però no em fa falta per saber que sense cap dubte, de seguida que acabi d'escriure aquestes línies, em faré sòcia. Per dues raons: els meus fills, els meus dos fills... Ells somriuen tots els dies de la seva vida, malgrat que jo tingui un mal dia. Així que per 15€, únicament 15€, sé que algun nen podrà somriure, i que nosaltres

tres haurem contribuït a fer-ho. No contenta amb això, QUE NO ÉS RES, iniciaré una cadena a través de tots els meus contactes per donar a conèixer el projecte d'en Jaume, i a convidar-los a que comprin el llibre, que apadrinin una d'aquestes preciositats i que continuïn la cadena. És probable que algú obri el seu cor. Sé que algú ho farà. Us convido a tots a fer el mateix. No haig de dir que de seguida que hagi llegit el llibre us donaré la meva opinió, però... ja sé que m'ha impactat. Gràcies, Jaume, gràcies perquè les persones com tu són les que m'ajuden a continuar somrient en els moment d'adversitat, que no són pocs. Gràcies.

DOLORS

SOMRIURES DE BOMBAI Un llibre que emociona des del començament i no et deixa indiferent. Fa dos mesos, que a la biblioteca de casa, compto amb un nou llibre; un llibre preciós... d'aquells que no vols que acabin mai, perquè a banda de fer-te gaudir d'una interessant lectura, et fa sorgir encara més, la sensibilitat que tenim dins i que et fa pensar seriosament en la dura realitat que molts infants del món, pateixen o han patit, sense tenir-ne cap culpa. Infants que només demanen caliu, i que malgrat la dura «lluita» que els ha acompanyat a l'hora de néixer i malviure, sempre tenen una paraula alegre, una il·lusió als ulls, una història personal i un somriure per a regalar, sense esperar res a canvi. *Somriures de Bombai* de Jaume Sanllorente, és un petit tresor escrit amb immensa sensibilitat, ple de sentiments nobles que m'han fet emocionar; que convida a conèixer algunes vivències personals, històries frapants, colpidores i captivadores, escrites amb una emotivitat tan propera, que és difícil no sentir-se part de Karuma, un orfenat enmig de res, però amb un nom preciós. Més que un llibre, és trobar-te amb l'autor al davant i escoltar-lo en primera persona. Un llibre que ens aparta completament de la vida que la cultura occidental coneix i viu. Les preses, l'egoisme, la violència... són paraules que no hi tenen cabuda i que queden substituïdes per altres com: amor incondicional, sacrifici, il·lusions, agraïment, humilitat, paciència i somriures. També hi ha espai per a petits-grans consells que s'acaben resumint en un: fer feliços als altres és el veritable secret de la felicitat, no hi ha un altre truc i no hi ha enemics; un enemic és un amic que necessita del nostre ajut. Si l'ajudem, guanyarem dues coses: una persona feliç al món i un amic més. Des d'aquest escrit, m'agradaria convidar-vos a llegir el llibre i de retruc finançar una petita part d'un somni fet realitat per a centenars de persones. No puc acabar sense retornar el meu somriure, a cadascun dels nens i nenes que formen part de la casa

Somriures de Bombai (Índia), perquè sense haver-los conegut personalment, m'han regalat molt. Núria Julià i Fosas Barcelona, març 2008.

NURIA

Obre la mà, tanca-la i toca't la cara. L'HAS SENTIDA? És un petó amb el cor, són les GRÀCIES pel que fas. M'has emocionat, m'has fet plorar, has tocat el meu cor. Entenc el que sents, ho he sentit. A l'Àfrica, quan dones qualsevol cosa a un nen, sembla que li has donat el món. Et desitjo el millor del món, malgrat que ja ho tens: LA FELICITAT.

ISA

Volia donar la meva opinió sobre el llibre que ahir vaig llegir amb ganes d'endinsar-me en la història que relatava, i la tristesa de passar pàgines cada cop més conscient del final proper. La veritat, em va semblar poc, desitjava que continués, em vaig quedar amb ganes de més, per sort sé que no és un punt final, sino que la tasca de l'autor continua més enllà del seu escrit. Sabia des del principi que m'agradaria perque confiava plenament en el criteri de la persona que me'l va recomanar, però tenia algun dubte perquè, com havia de ser negativa la opinió del mateix editor? Partint d'aquesta base i amb certes expectatives, el que mai em podia imaginar és que em captivaria de tal manera que malgrat arribar tard de la feina, esgotada i fins a altes hores de la matinada, no vaig poder ni voler finalitzar la lectura fins que no es van esgotar les paraules les vivències, les emocions... que em transmetia l'autor i en les quals era immersa. Per unes hores em vaig sentir a l'Índia, jo vaig ser Jaume Sanllorente, no vaig poder desconnectar mentre dormia i continuava allà en somnis durant tota la nit. M'he despertat amb positivisme, sense cansament, en tenir la seguretat que encara queden persones que poden millorar el món, una cosa que jo volia suposar però que no m'atrevia a reconèixer plenament, i més important encara, amb coratge i força per portar-ho endavant. Però també envoltada per una nostàlgia d'allò que encara no conec, una sensació estranya i esbrumadora. Fascinant, tendre, meravellosament ben descrit, parlant de la misèria desgarradora però sense detalls morbosos sobre la situació d'abandonament i pobresa, en resum, sublim, sense més. Crec que Jaume Sanllorente ha descobert el secret d'on es troba la força que pot fer canviar les situacions més terribles, la voluntat. La seva és enorme i s'alimenta del millor combustible possible, dels somriures, en tota aquesta bondat que l'impulsa i evita que l'inundi l'infortuni decepcionant que pateixen aquestes persones i el menyspreu d'aquells que els hi neguen l'ajuda que necessiten. Gràcies

Jaume per haver seguit el teu cor, immens ha de ser perquè hi càpiga tant amor, que no s'acabi ni te l'arrabassin mai.

GEMMA, 17 de Març de 2008

No tinc paraules per expressar el que he sentit al llegir aquest llibre. Jaume Sanllorente és un ésser especial amb un cor immens. La seva capacitat d'entrega desinteressada tan sacrificada cap als més pobres i la seva gran generositat és un exemple per a tots. Gràcies per ser en aquest món i que Deu et beneeixi.

MARTINA, 18 de Març de 2008

El testimoni d'en Jaume en el seu llibre és un meravellós antídot per a curar la nostra ànima de tant intoxicació diària carregada de violencia, guerres, egoisme... Jaume ens fa creure que mirant dintre de nosaltres encara és possible creure en la felicitat, estimant els altres de forma desinteressada. Santiago, 21 de Març de 2008

SANTIRE, 21 de Març de 2008

Tornar a un nen la infantesa que tenia usurpada és una de les coses més importants i transcendents que un pot fer en aquesta vida. Fer-ho, a més, fonamentant-ho en la seva educació, és fer-ho de manera intel.ligent perquè estès perpetuant aquella acció. M'alegro de saber que reps recompensa per tant d'esforç i superació en rebre la teva pròpia felicitat a través de la seva i a través dels seus somriures diaris. Segurament has entrevist en elles les dels teus pares, la de la teva mare, que orgullosa contempla com de bé que ho va fer durant la teva infantesa. Ànims Jaume i, sobre tot, gràcies. Plataforma editoral assumeix un repte amb aquest llibre perque posa el llistó molt alt. És difícil trobar un llibre d'aquest calibre. De fet, és molt més que un llibre, el seu contingut desborda el continent.

CRISTINA, 28 de Març de 2008

J

aume: vaig llegir el teu llibre precisament en un vol cap a Delhi, ciutat que visito freqüentment per raons de feina des del 2003. Conec la situació i et felicito per la tasca tan noble que realitzes pels nens de l'Índia. Tens tot el meu suport i endavant!!

GEOFFREY, 06 d'Abril de 2008

«Ningú té amor més gran que qui dóna la vida pels altres...» T'envejo, Jaume!

FELIPE, 10 d'Abril de 2008

«Somriures de Bombai» va caure a les meves mans 10 dies després de visitar la ciutat. Encara tenia molt clares les imatges dels nens demanant pels carrers i dormint a les voreres, alguns d'ells castigats per la malaltia i plens de polls. Nens que als seus carrers no mereixen ni una mirada i són menyspreats per una societat que valora, per damunt de tot, el bressol on han nascut. És difícil imaginar la lluita que ha mantingut el fundador d'aquesta ONG per arribar fins on ha arribat. Em sento privilegiada per haver conegut la història d'en Jaume Sanllorente. Li dono les gràcies per haver-la escrit. Presen, 17 d'abril de 2008. Sant Cugat del Vallès.

TJ8MFX, 16 d'Abril de 2008

La setmana passada vaig ser al Marroc, aquest viatge m'ha obert una il.lusió que no sabia ben bé com realitzar. Jaume, les teves paraules m'han arribat al cor fent que les meves emocions s'organitzin. Sentiments que abans no sabia on posar ara han trobat el seu lloc i el trencaclosques encaixa poc a poc. Quin missatge d'amor incondicional es veu en cada línia, quina passió! Quin entusiasme! Aiii. A l'escriure aquestes quatre paraules el meu pit s'obre i surt el meu ésser... També cal dir que el meu amor també és amb cada nen d'aquest món, amb cada dona i cada home que pateix les injustícies de la societat. Gràcies a en Jaume, als seus pares, a la seva àvia i a tots els que han col.laborat en aquest projecte, i a tots els que participen activament amb la seva fe d'estimar per donar més felicitat i harmonia en aquest món. Vero.

VERO_ERFOUD

Diuen que «la mirada es el espejo del alma», i si aquesta mirada captivadora és el somriure de Jaume Sanllorente, podem veure a la seva cara l'amor, la bondat, la força... en definitiva un esperit lliure i rebel que s'ha allunyat de la societat de consum per entregar la seva vida als més necessitats. Recomano aquest llibre, perquè el protagonista és un líder nat, que amb la seva tenacitat i esperit emprenedor està ajudant a molts nens i a les seves famílies a tenir una vida més digna. Moltes gràcies per ser com ets. M. Encarna Martínez, Barcelona, 19 de abril de 2008

BLAU

Aquest llibre ha estat un dels regals del meu 47 aniversari i, amb la taula encara parada i les copes per rentar, en arribar avui de la feina no ha parat de cridar-me fins que l'he agafat i ja no l'he pogut deixar anar fins que he arribat al final res del que diu en Jaume m'ha sonat estrany; però m'ha impactat la proximitat de la seva vivència personal que podria ser -que hauria de ser- la de qualsevol de nosaltres... les seves paraules commouen... però què em dieu de les fotos? els seus ulls espurnegen i el seu somriure il·lumina: sí; és fàcil adonar-se que és feliç! moltes gràcies, Jaume, per compartir-ho amb nosaltres i recordar-nos, què és allò realment essencial a la vida i què li dóna sentit.

FEFA

Fa 3 anys que vaig conèixer al Jaume per primera vegada. Crec que era l'home més feliç i il.lusionat del món perquè Somriures de Bombai acabava de convertir-se en realitat. Recordo quan m'explicava amb un gran somriure a la cara i amb els ulls brillants el que eren aquest 40 nens per a ell, lo dur que era viure en aquestes circumstàncies, els proyectes en ment... Després d'alguns anys sense veure'l i retrobar-lo per casualitat, estic molt il.lusionat de sentir que tots aquells proyectes de fa 3 anys s'han fet realitat, que tot alló que va somniar fa 3 anys s'ha fet realitat... Crec que ha fet molt bona feina i que ha lluitat pel que sentia realment en el seu cor. Això és el que em va ensenyar el fer les coses que realment sents, ser positiva i no perdre mai el somriure. Són els valors més grans que em va ensenyar, sense saber-ho. I aquest llibre, espero que arribi tan profundament com les coses que m'explicava ell fa tres anys, que hagi canviat en algun aspecte a millor als lectors, i siguin conscient que al món no val allò d'«ojos que no ven corazón que no siente». Et felicito Jaume per ser la persona que ets, per no haver canviat mai des que et conec, que siguis encara un lluitador, somrient, positiu i sobre tot per ser una gran persona. Espero que aquest llibre tingui molt èxit perque t'ho mereixes i s'ho mereixen.

NENAYAKA, 23 d'Abril de 2008

Gràcies Jaume per compartir la teva experiència amb nosaltres, per «obrir-nos els ulls» i fer que «mirem amb els ulls ben oberts» tot el que hi ha al nostre voltant. Laura.

LALAWOMAN

És en referència al llibre de Jaume Sanllorente. *Somriures de Bombai.* Vaig llegir-lo ara fa 2 mesos i l'he regalat per Sant Jordi perquè crec que per la diada s'han de regalar llibres importants. El considero un llibre amb un gran efecte pedagògic. És una manera molt crua d'adonar-nos que moltes vegades magnifiquem els nostres problemes quotidians. Quan llegeixes les penúries per les que estan passant aquests infants i les seves famílies, t'adones del que realment importa i aprens a assignar a les coses la importància que realment tenen. És un llibre de lectura obligatòria. Considero el Jaume una persona molt valenta i un exemple a seguir, és com l'aigua, un bé escàs i per això molt preuat. Ànims. Rosa Perelló, 25 d'abril de 2008.

Rosa

Commovedor, emotiu i inoblidable. Has transmès amb senzillesa i claredat els teus sentiments. Parles amb el cor i amb això està tot dit. Amb la teva actitut has donat una lliçó admirable de com fer les coses i no quedar-se de braços plegats davant una realitat crua i dura. No és fàcil, per fer-ho cal una gran valentia, humilitat, decisió, bon cor i altres molts valors que, com és evident, t'ha donat la teva família. A mi m'ha commogut i emocionat l'amor, l'admiració i el respecte amb què parles dels teus pares i de l'àvia Marta. Segurament ells han estat un gran referent a la teva vida (els meus pares ho van ser per a mi) i estaven orgullosos de la gran persona que ets i del gran valor humanitari que té l'obra que realitzes. Hi ha moltes injustícies en la societat, però són inadmissibles les que es cometen amb nens i nenes innocents. Ets un exemple a seguir i felicitats per ser com ets. Et desitjo molt salut, paciència i energia per continuar lluitant i tant de bo puguis obrir els ulls a tota la societat! Tots els meus respectes, Magda 28 de Abril de 2008

MCAPAFON

Jaume Sanllorente no és únicament un ésser humà extraordinari, sinó que també té talent com a escriptor: la seva història toca els cors i omple de saviesa la teva ànima. Gràcies per compartir(-te). Borja.

Prometeo, 28 d'Abril de 2008

Soc Núria Moreno de Montcada i Reixac. El dimarts passat vaig estar a la presentació del llibre *Somriures de Bombai*, de fet estava a la primera fila. La veritat és que no puc evitar de dir-li que vaig sortir molt però molt contenta d'aquella presentació que per a mi era la primera. Em va agradar molt la introducció que va fer vostè, la presentació que va fer el professor d' Esade, que ho sento però no recordo el nom, i sobretot el testimoni del Jaume. Aquest llibre i ho dic des de el cor, ha marcat un abans i un després a la meva vida. Jo no era aficionada a la lectura però aquest llibre m'ha fet sentir coses, sensacions que mai cap altre m'havia fet sentir, m'ho llegia a les estones del tren (de la feina cap a casa) i jo mateixa em deia: espero no trobar-me a ningú que conegui al tren perquè el que vull es seguir llegint el llibre sense que ningú em molesti. Només volia fer-li arribar la meva felicitació per la seva feina i per haver fet que aquell llibre sortís a la llum i arribes al cor de tantes persones com es el meu cas. De veritat, per a mi anar a aquella presentació va ser una experiència molt bonica. Gràcies per haver-me fet passar aquell dia tan agradable estona. I aprofito per animar a tothom a que llegeixi aquest llibre, és impressionant i és també una manera d'ajudar a Somriures de Bombai. Nuria Moreno

NuriaMG

Vaig saber de tu, Jaume, i de Somriures de Bombai, llegint una entrevista que et van fer a La Vanguardia a l'estiu de 2006. Les teves paraules em van portar directament a internet i vaig llegir tot el que vaig trobar, descobrint la vostra pàgina web i imaginant tot just, la meravellosa tasca que feu, tu i els teus col.laboradors. Em vaig associar tot seguit i des d'aquell moment he intentat seguir de prop el dia a dia de Somriures de Bombai, esperant amb il.lusió cada Newsletter que m'envieu, les fotos del petit Mahesh, els seus dibuixos... Fins que he llegit el teu llibre, Jaume. De tot cor, enhorabona. Per ser com ets, per fer el que fas, per la extraordinària manera que tens de transmetre tot el teu amor, la teva dedicació absoluta a fer que cada dia hi hagi un nou somriure al món. No se quan podré fer-ho, però vindré a conèixer als teus nens i a tu, si Deu vol. El món és millor cada dia perquè tu hi ets. Una abraçada enorme, tot el meu suport i reconeixement i un gran somriure. Roser Puyó

MRPUYO

Hola!! No sé si et recordes de mi, sóc l'Antònia la pesada de Mallorca que no hi havia manera de trobar el llibre *Somriures de Bombai* en catala, doncs dir-te que ja el tinc que ja l'he llegit i que he llegit llibres però mai en la meva vida m'havia emocionat tant un llibre i fins ara mai havia plorat llegint un llibre. Trobo que és un llibre fantàstic, a més explica en primera persona tot el que li ha passat de manera que tu et pots introduir en la història com si també caminessis pels carrers de Bombai amb en Jaume. M'han agafat ganes d'anar a l'Índia a visitar aquells paratges i de passada anar a veure Somriures de Bombai que m'he informat que pots fer-hi visites. No sé al final si serà possible perquè hi tindré que anar sola i no sé si amb el meu anglès xapurrero em sabré desplaçar per aquell pais, no sé ja veuré com m'ho faig. A més de tot això navegant per internet he conegut un amic personal del Jaume, que també ha estat a la India i també m'ha explicat coses del Jaume que no tothom coneix i mira el que són les coincidències, jo no coneixia al Jaume no en tenia ni idea que existia una persona en el món que vivim avui en dia que fes aquestes coses pels altres desinteressadament i a més jugant-se la vida cada dia. M'hagués agradat anar a la fira del llibre a Barcelona perquè em firmés el llibre i encara que fos nomes per veure aquesta gran persona en carn i os només uns segons.. mmm, ara mateix estic escrivint aquestes línies i pensant em venen un munt de sensacions al cap i ja tinc la llàgrima que em cau, què hi farem sóc així de cursi... M'emociono molt amb segons quines coses o temes. Ja per acabar que estic mollant aqui un rotllo, volia donar-te a tu Jordi les gràcies per haver tingut la gran idea de fer aquest llibre i la enhorabona perquè és un llibre magnífic i el recomano a tots els meus amics. Mira una cosa curiosa de llegir aquest llibre, jo l'he llegit una mica cada dia en el trajecte que faig de casa a la feina amb el tren i només tenia ganes d'anar a dormir perque es fes de matí i anar amb el tren llegint el llibre i quan acabava la feina una de lo mateix que només tenia ganes d'arribar a l'estació per seguir amb la lectura, en el tren llegint m'emocionava i em queien les llàgrimes i de vegades el que tenia al meu costat em demanava si em trobava bé jo li deia que sí que era la història tan colpidora que llegia que em feia emocionar. Ja em despedeixo perque quan em poso a escriure començo aqui amollar rotllo i no m'aturo. Una abraçada molt forta encara que no et conegui més que a través del telèfon o els mails i em va agradar molt que et preocupessis personalment quan no trobava el llibre i vas fer tot el que estava en les teves mans perque pogués tenir aquest llibre. Gràcies. Antònia de Mallorca

HAYDEN

Hola, he estat 2 vegades a la fundació Vicenç Ferrer, i et quedes per sempre amb aquells ulls d' aquelles criatures. Per Reis em van regalar el llibre del Jaume, la veritat no en sabia res d'ell, era tan maco el que llegia que no volia anar depressa per no acabar-lo, l'he regalat a vàries persones i no cal dir el que en pensen, encara que no sóc de Barcelona hi vaig anar per St. Jordi per poder-lo conèixer. Quines bones vibracions ens va donar amb aquell somriure: una PAU, va ser preciós estar amb ell, és que tot el que ha fet fins ara i continua fent és d'una persona amb un gran cor. El Jaume sempre el deu haver tingut aquest cor però en anar a Bombai allà els hi feia falta aquest Jaume. Et torno a donar les gràcies per tot el que fas, perquè aquella gent no en tenen cap culpa d'haver nascut on han nascut. No defalleixis, aquí teniu moltes persones que us estimem. Gràcies de tot cor. Felicitats per l'editorial per estar per temes tant sensibles.

ELENA

La seva opinió és important.
En futures edicions, estarem encantats
de recollir els seus comentaris sobre aquest llibre.
Somriures de Bombai. El viatge que va canviar el meu destí.
Agrairíem ens les fessin arribar a través de la nostra web.

www.plataformaeditorial.com